CICERO

PRO ARCHIA POETA ORATIO

A Tiered Latin Reader

by

Anna C. Pisarello

PIXELIA PUBLISHING

Cicero. Pro Archia Poeta Oratio. A Tiered Latin Reader.

First Edition

ISBN: 978-1-7370330-6-6

Published by Pixelia Publishing (pixeliapublishing.org)

Font: Cardo, an open source font in the Google Fonts collection, designed by David Perry

Cover design by John Lanier

OTHER BOOKS BY PIXELIA

The Experrecta Series: Women Latin Authors

The Passion of Perpetua

Isotta Nogarola's Defense of Eve

Caesar's *Gallic War* Book VII Series

AVARICVM (Book VII.1-28)

GERGOVIA (Book VII.29-62)

ALESIA (Book VII.63-90)

The Forgotten Contemporaries of Jane Austen Series

John Matthews' *Bath: An Adumbration in Rhyme*

William Combe's *The Flattering Milliner* (online only)

William Combe's *The Tour of Dr. Syntax in Search of the Picturesque*

All books by Pixelia Publishing are open access at
pixeliapublishing.org

CONTENTS

Acknowledgements

This project was inspired by a group of thought-leaders committed to promoting the use of new pedagogical trends to the teaching of Latin language. I have been particularly influenced by Lance Piantaggini, Robert Patrick, John Piazza, John Bracey, and Carla Hurt, whose thoughtful writing offers detailed suggestions and guidance about new pedagogical techniques on their blogs; and by The Pericles Group (Ballestrini et al.) behind The Operation Caesar AP Reading List for an especially robust example set of tiered material.

I would like to thank Pixelia Latin Editions co-editors Caedmon Haas, Thomas Hendrickson, and John Lanier for looking through this manuscript (errors are very much my own); Pixelia Publishing editor and board member Ben Wiebracht for his incisive comments; and Christine Gosnay, Tomohiro Hoshi, and Josh Carlson at Stanford Online High School for invaluable upper administrative support of Pixelia Publishing projects.

I would like to highlight Stanford Online High School's 2022-23 Advanced Latin class for initial feedback on tiered reader usefulness and approaches, in particular Annabelle Adachi, Ella Blanco, Sabine Mazzeo, Elle Moscinski, and Mattia Worster for specific commentary. Particular thanks go to the 2023-24 Advanced Latin class for workshopping the manuscript of this text as part of their reading resources: Sammy Al-Hamwy, August Hundal-Simpson, Ethan Ish,

Allison Kim, Tei Kim, Zoe Kim, Yolaine Lefevre, Habte Martone, Hannah Poplack, Joe Smith, Nicolas Wang, and Sara Weng; with special acknowledgment of Sammy Al-Hamwy for sustained feedback, a running list of editorial insights and textual variants, and exceptional support of the classroom environment.

This book is dedicated to Peter White and Charles Murgia.

FOREWORD

The multifaceted discussions in Cicero's *Prō Archiā Poētā Ōrātiō* make it an engaging text for intermediate students and a lively introduction to Roman forensic practices and Ciceronian rhetoric. Cicero himself admits that *Prō Archiā Poētā Ōrātiō* departs from the traditional tone and content of a forensic speech (section 3):

> [hōc] genere dīcendī, quod nōn modo ā cōnsuētūdine iūdiciōrum, vērum etiam a ā forēnsī sermōne abhorreat... prope novō quōdam et inūsitātō genere dīcendī.

> This style of speaking, which differs not only from the custom of trials, but also from forensic speech... a certain new and unusual style of speaking.

However, the speech does follow the typical oratorical *dīvīsiō* sequence of *exordium* (sections 1-7), *narrātiō* (4-7), *refūtātiō* (8-11), *argūmentātiō/cōnfirmātiō* (12-30), and *perōrātiō* (31-32),[1] and it contains an array of literary techniques that illustrate the artistry of persuasive rhetorical composition. Cicero discusses a variety of topics in this speech that give modern audiences a snapshot of late Republican concerns: Roman immigration administrative policy,

---

[1] For further detail on the structure of *Prō Archiā Poētā Ōrātiō*, see Cerutti 1998 and 1999.

reflections on the value of literature and the study of the humanities, philosophical anxieties about death and our legacies in perpetuity.

This volume presents the Latin text of this innovative speech in a tiered format: each section of the original Latin is accompanied by three different simplified versions of progressive difficulty. This new method of textual presentation supports intermediate and advanced Latin readers by encouraging comprehension of each successive version as they build towards full engagement with the authentic, unadapted Latin text and the discussions therein. A detailed explanation of the format and presentation of this volume follows in the introductory sections below.

INTRODUCTION

TO *PRO ARCHIA POETA ORATIO*

In the year 62 BCE, Marcus Tullius Cicero took on the defense of Aulus Licinius Archias in a trial over alleged immigration fraud: Archias, a Greek poet originally from Antioch and now established at Rome under the patronage of the Lucullus family, is accused of claiming Roman citizenship without proper enrollment. At face value, the defense of this case seems like a straightforward presentation of evidence proving that Archias followed proper citizenship enrollment procedures based on the *Lēx Plauta Papīria dē Cīvitāte Sociīs Dandā* of 89 BCE (*Prō Archiā* section 7). As such, it provides valuable insight into immigration and citizenship practices in the late Roman Republic in the context of the Social War of 91-89 BCE and a political system contending with the legal and social consequences of the continuous expansion of Roman power.[2]

This case takes place a year after Cicero's 63 BCE consulship and controversial handling of the Catilinarian conspiracy, near the height of his career. It may have seemed puzzling that Cicero would take on the defense of a fairly minor legal issue, even considering its underlying connection to late Republican political conflict (the accusations against Archias are sometimes read as a political hit

---

[2] See Beard 2015: 240-41.

against his patron's family, the Luculli[3]). This case, however, presents Cicero with an opportunity to highlight the importance within Roman culture of Archias' profession as a poet and literary scholar.

Cicero's defense speech soon branches beyond the particularities of immigration policy into discussions of the value of literature, history, and personal legacy. He frames this defense of Archias as a broader defense of poetry and literature itself; he highlights the inherent importance of humanistic studies both as a source of pleasure (16) and for disseminating the moral and ethical values of Roman society. He considers it a fundamental manifestation of Roman glory for Roman culture and art to be co-extensive with Roman military and administrative expansion.[4]

Beyond the sheer pleasure of reading poetry, Cicero grants a particular civic importance to the documentary function of historical literature. Through literature, he argues, he and contemporary Roman politicians can look back and learn the lessons from past heroes, and they can inform their own ethics in accordance with these historical values (14). Without literature as a documentary source, all of the accomplishments and moral examples of these historical figures would lie forgotten in the shadows of the past (*iacērent in tenebrīs omnia, nisi litterārum lūmen accēderet*, 14).

---

[3] Cerutti 1998: xvii.

[4] *cupere dēbēmus, quō manuum nostrārum tēla pervēnerint, eōdem glōriam fāmamque penetrāre* ("we should want our glory and fame to reach the same place where the weapons of our troops have reached," 23).

According to *Prō Archiā*, literature, too, can secure the legacy of prominent figures into posterity and grant a kind of immortality through the celebration of their accomplishments in life (30). Cicero presents this conception of immortality in resistance to contemporary philosophers (*ipsī illī philosophī*, 26) who deny any consciousness after death (29). While Cicero does not mention any particular philosophical school by name, this evident critique of Epicureanism (as exemplified in the late Republican literary landscape by Lucretius's *Dē Rērum Nātūrā*) provides modern readers with additional context of some of the philosophical debates at the time.

Establishing an eternal legacy through literary commemoration is of particular personal concern to Cicero in light of his recent consulship and belief that he had saved the Republic by quelling the Catilinarian conspiracy. He was in search of a scholar to enshrine his actions in literary art (see *Ad Familiārēs* 5.12) and apparently considered Archias an excellent candidate for this work (28). Although we do not have evidence that Archias ever completed this work about Cicero, this philosophical preoccupation may provide an explanation for Cicero's decision to defend Archias in his immigration case.

INTRODUCTION
TO THIS VOLUME

The purpose of this reader is to increase the accessibility of Cicero's *Prō Archiā Poētā Ōrātiō* to a student of Latin who has completed elementary grammatical or reading coursework and is ready to start engaging with authentic Latin texts. This level typically corresponds to an intermediate undergraduate level and an advanced high-school level.

The past 10-20 years have brought significant developments in the pedagogy of ancient languages.[5] This edition aims to bring together a number of approaches to make ancient texts more comprehensible, with the ultimate goal of introducing authentic texts to intermediate-to-advanced students as quickly and effectively as possible. As such, the text of this book is focused purely on Latin language and vocabulary rather than on historical context, detailed explanatory grammatical terminology, or interpretive exercises. As a classroom resource, it is intended as an ancillary text in teaching *Prō Archiā*. A grammar-translation classroom environment may pair this reader with a more traditional grammatical commentary (such as Steven Cerutti's 1998 edition); a program grounded in comprehensible input instruction may focus classroom activities and discussions on Tiers 1 and 2 of this volume in order to build reading

---

[5] See, for instance, Piantaggini 2019; Ramahlo 2019; Bracey 2020; Hendrickson 2021; Hunt 2022; Boyd 2023; Carlon 2023; Shelton 2023.

approaches to Tier 4 (the original Latin). Tiered (also known as "embedded" or "scaffolded") readers were developed as a teaching practice for the modern languages by Laurie Clarcq and Michele Whaley in 2012, drawing on second-language acquisition theory.[6] Throughout the following decade, educators in ancient languages proposed adapting this style of teaching resource for Latin,[7] with particular focus on the "top-down" approach as articulated in a 2018 presentation at the Annual Meeting of the Classical Association of New England (CANE) and a subsequent 2019 article for the *Journal of Classics Teaching*.[8] This method, which adapts an original work of Latin into several versions of progressively lesser difficulty, creates reading resources that operate as a transitional bridge between elementary language instruction and full engagement with Latin primary sources.

As of the early 2020s, the format and philosophy of tiered readers for Latin texts are in some degree of flux; different educators have framed the development of their tiered readers according to varying classroom needs and intellectual preferences, so that there is no one

---

[6] Clarcq 2012. See also Clarcq and Whaley's website, embeddedreading.com.

[7] For reflections on early adaptations of the embedded reading format, see Piantaggini 2016.

[8] Sears and Ballestrini 2019. For Lindsay Sears's 2018 presentation at CANES conference, see https://tinyurl.com/adaptingantiquity. For discussion of the bottom-up approach to embedded readings, in which an educator composes an original, simple story (Tier 1) and then creates expanded tiers of higher complexity, see Slocum-Bailey 2016 and Piantaggini 2019b.

standard for this type of resource.[9] This reader synthesizes different approaches to scaffolded reading projects and reading acquisition methods, while taking the freedom to generate a format that does not follow one particular example; some of the formatting and presentation choices here will line up with prior models, while others will not. I articulate a number of the choices and approaches for this reader below.

I. TIERED / SCAFFOLDED / EMBEDDED READINGS

Clarcq and Whaley's (2012) original presentation of the methodology of tiered readers lays out three distinct adapted versions (Tiers 1-3) before culminating in the original text, often referred to as Tier 4. In practice, current Latin tiered readers do not adhere strictly to this ordering. For example, John Piazza's (2019) volume of *Seneca's Letters to Lucilius* has one adapted tier, Robert Amstutz's (2023) *Scalae Latinae* Cicero material has two tiers, Andrew Olimpi's (2019) volume of *Daedalus and Icarus* has all three adapted tiers, and Carla Hurt's (2023) volume of Vergil's *Aeneid* book 4 includes an additional sub-tier for targeted vocabulary acquisition.

---

[9] As examples of idiosyncrasies in particular readers, Piazza 2019 presents one simplified version (*versiō simplex*) along with the original Latin, instead of the expected three tiers; Olimpi 2019 includes on-page vocabulary glossing while many others do not; Hurt 2023b presents a number of artistic mini-illustrations instead of English glossing for vocabulary support; Amstutz 2023 includes discussion questions for classroom use as companion material to the Latin texts.

In developing this reader, I was committed to following the tripartite top-down layering as described by Ballestrini and Sears (2019), so that Tier 3 consists primarily of rearranging the language into more normative Latin word order, highlighting parallelisms by repeating syntax structures, and supplying elided or implied words to make each clause legible on its own.

Tier 2 largely retains the skeletal grammatical structure of the original and Tier 3, with the occasional syntactical rearrangement and vocabulary substitution (on approaches to vocabulary, see section IV below).

Tier 1 is intended as a summary of and introduction to the major ideas of the section: this tier allows intermediate Latin readers to gain a firm foothold in the text. The grammar and vocabulary are considerably simpler, but this tier still reproduces many elements of the original Cicero. Keeping in mind the comprehensible-input guideline to "shelter vocabulary, not grammar,"[10] I retain some subordination and a number of subjunctives and more complex grammatical constructions, but for the most part the language in this tier is single-clause and indicative.

When workshopping this material in the classroom over two years with my Advanced Latin classes, two approaches to using the reader emerged organically from student experience. Sometimes, students follow a bottom-upwards approach, starting with Tier 1 for a quick introduction to the section and working their way up the tiers in

---

[10] On the history of this phrase, see Hurt 2023a.

order before reaching the original Cicero. At other times, especially for more confident students as they became more comfortable with Ciceronian syntax and rhythm, students dove into reading the original Latin tier and only consulted the lower tiers (particularly Tier 3) for clarification at tricky points of the text. All students reported that the tiered reader was a valuable resource in their reading comprehension, noting in particular the utility of the segmented formatting (see below, section II) and vocabulary lists (see below, section IV).

I furthermore found scaffolding useful in providing differentiated instruction strategies. If a student was feeling particularly behind with that day's reading, assigning Tier 1 to them allowed for substantive contribution to class discussion and kept them engaged in the class community.

II. SEGMENTED FORMATTING

The lower tiers in this reader simplify Cicero's language to ease comprehension of his ideas. Additionally, this reader formats the presentation of the original Cicero and the tiered Latin material in a way that reflects clause syntactical structure and provides a visual roadmap for Cicero's hypotaxis. Main clauses are presented on the page with no indentation and every subordinate clause is on a new line indented by one tab with respect to its governing clause, so that a student may easily see sequences of nested clauses.

Presenting clauses this way helps students both grasp the overarching architecture and flow of the original Latin and more easily comprehend the contents of each clause individually. I have encountered segmentation in various forms across different types of contemporary intermediate readers of Cicero, including Robert Amstutz's (2023) tiered reader *Scalae Latinae* (with no indentation) and Geoffrey Steadman's (2016) non-tiered reader with grammatical commentary for Cicero's First Catilinarian (with some indentation). Segmentation and sentence diagramming had already been present in reader resources pre-dating the proliferation of tiered reading techniques, such as Steven Cerutti's (1999) structural analysis of *Prō Archiā* and Jean-Francois Macon's (2015) parsed reader of Caesar's *Dē Bellō Gallicō*, among others.[11] Indeed, I have always used this type of segmentation and indentation in classroom presentations of Cicero: written out on a blackboard in brick and mortar classes, and formatted on slides in online teaching environments.

To make this reader more usable for CI and active Latin classrooms, I avoid technical grammatical terminology and explanations (other than listing noun cases for idiomatic usage in the glossary[12]). Indeed, I found that in classroom reading practice the visual segmentation of the material can act as a *dē factō* labeling of syntax and the architecture of nested subclauses. A pedagogical approach that does highlight grammatical explanations can then expand on the visual markers by analyzing their syntactical features and identification, but grammar

---

[11] Also worth noting are the Supplemental Diagram Appendices in the Caesar student reader editions from Pixelia Publishing *AVARICUM, GERGOVIA,* and *ALESIA* (Lanier et al. 2023, 2024, and 2025).

[12] E.g., **grātia, -ae f.**: favor, love; (+ gen) on account of

identification is not necessary to achieve comprehension of the text. During the development of this reader, students found this segmentation particularly helpful. For some advanced students, the segmentation of the authentic text alone was sufficient for nearly complete comprehension on initial read-through.

III. VISUAL MARKERS OF FUNDAMENTAL SYNTAX

As this reader aims to use a multifaceted approach to support accessibility of the authentic text to readers of various levels, I sought to incorporate as many textual markers as possible to enhance readability. Every sentence of every tier in this reader marks the subject (when expressed) and verb of the main clause in bolded text as an immediate visual aide for the fundamental building blocks of the sentence. This technique proved to be especially helpful for Cicero, notorious among intermediate students for deferring the main verb.

I had initially marked only main verbs, following the approach used, e.g., by Geoffrey Steadman in his 2016 reader for the First Catilinarian (which includes visual aides such as segmentation and indentation of the text into sub-clauses). Then in a May 2024 roundtable for the RELICS research network on Latin teaching practices, Skye Shirley of LUPERCAL showcased a more expansive approach using color coding to highlight many different syntactical elements of a Latin sentence to support fluidity in reading. While this degree of textual coding would be overwhelming for the pages of this reader, Shirley's model led me to expand the bolded terms in this text to include the subject as well.

IV. VOCABULARY

A. Vocabulary Glossing

When I started this project I had not intended to supply a robust vocabulary list in order to encourage students to construct lexical meaning from context. Rather, the vocabulary list initially was only a handful of glossed idiomatic terms particular to *Prō Archiā* and the Latin oratorical genre. However, recent scholarly articles on Latin vocabulary acquisition and its effect on reading comprehension led me to reconsider the vocabulary approach for this volume.[13] My takeaway from these recent discussions, as applied to the aims of this reader, was that abundant vocabulary support, accessible closely at hand (rather than at the back of the book), and tailored to the specific semantic nuances of this text, would prevent the interruption of the reading "flow" promoted by the tiered and segmented approach.

Therefore, each section of this volume includes a substantial glossary with definitions pertinent to those particular lines: this vocabulary list does not necessarily supply the standard primary definitions a student may encounter in introductory Latin textbooks, if the meaning in the text is a specific secondary sense (e.g., *ratiō* or *studium*).[14] The section vocabulary lists include words that have already appeared in the text,

---

[13] See, e.g., Miller and Mulligan 2022; Keeline and Kirby 2023.

[14] To build these vocabulary lists, I started with a customized vocabulary list generated by Haverford Classics's The Bridge web tool (https://bridge.haverford.edu/) and then refined lexical entries relying primarily on Gaffiot's *Dictionnaire Latin-Français* and Lewis and Short's *A Latin Dictionary* through Logeion (https://logeion.uchicago.edu/).

even if they have appeared multiple times, since not all students will be reading the book cover-to-cover. Different courses may cover different selections of *Prō Archiā* and the goal of this reader is to support students in comprehending the specific passage in front of them. There is a combined glossary in the back of the book in addition to the section lists as a further resource.

B. Vocabulary Substitutions in Lower Tiers

Another consideration for this volume was the degree of vocabulary substitution in the lower tiers of the text. Early discussions about the methodology of tiered readers as truly "embedded" readers encouraged the use of repeated vocabulary across all tiers, though this approach applies most clearly to the bottom-up method, where an educator can reproduce the original Tier 1 in increasingly complex tiers.[15] In practice, however, top-down Latin tiered readers of classical texts use simplified vocabulary in the lower tiers.[16] While this reader strives to keep as much original vocabulary and grammar as possible, there are a number of vocabulary substitutions in Tier 1 and 2.

These substitutions are informed by two principles. First, I wished to avoid vocabulary overload. For this reason, I used terms likely familiar to an intermediate reader, drawn from Dickinson College Commentaries Latin Core Vocabulary List.[17] Secondly, I wished to familiarize students with Ciceronian phrasing, even in the lower tiers, in order to increase the accessibility of Cicero and other authentic

---

[15] Clarcq 2012, Slocum-Bailey 2016.
[16] Sears and Ballestrini 2019.
[17] https://dcc.dickinson.edu/latin-core-list1

Latin texts. To that end, when making substitutions, I attempted to employ words and phrases that appear in the Ciceronian corpus whenever possible.[18]

V. SECTION SUMMARIES IN ENGLISH

This volume includes short section summaries in English, in alignment with the editorial convention of Pixelia Publishing Latin volumes. The substance of *Prō Archiā* is hardly simple or narratively straightforward; it occasionally includes convoluted argumentation. In my assessment, it is conducive to comprehension and accessibility to include a brief English distillation of the contents of each section as further support for a student gaining confidence in reading Latin. Piazza's 2019 Seneca volume was a useful model for incorporating brief section summaries.

VI. MACRONS

I chose to note all macrons at all tiers of the Latin material in this volume; this too is an editorial convention for all Pixelia Publishing Latin volumes. This choice is guided by the assumption that the more information provided to students the better; it is one more way for a student to engage with the rhythm of the Latin language. Full macron notation can furthermore support a classroom environment that practices spoken Latin and recitation.

---

[18] For this I relied amply on PHI searches: https://latin.packhum.org/search

Macron notation is primarily used in elementary Latin instruction resources (the first two or so years), but typically does not appear in advanced texts. Their use in intermediate texts varies. As with many other elements of this reader, prior examples of tiered readers have a mixed approach to marking macrons in the Latin text. For example, Carla Hurt is committed to full and accurate macron usage; John Piazza includes them only in particular endings to clarify potentially overlapping and confusing forms; many do not mark them at all.

The digital base text I used to build this reader, drawn from The Latin Library, did not include macron notations. For supplying macrons to this text I ran each section through Alatius's Macronizer web tool and then manually adjusted ambiguous forms in consultation with Lewis and Short's and Gaffiot's dictionary resources (available on Logeion). When these dictionaries presented a discrepancy, I favored Gaffiot's more accurate macron use.

VII. THE TEXT

The *Prō Archiā* is by and large a stable text.[19] For ease of availability and cost, the public-domain base text I used to generate this reader was sourced online from The Latin Library; its version of *Prō Archiā* is credited as posted by Nicholas Koenig from J. B. Greenough, *Select Orations of Cicero* (Boston: Ginn & Co., 1896). However, because my classroom instruction of *Prō Archiā* uses Steven Cerutti's 1998 text and grammatical commentary, I adjusted a number of textual variants to conform to Cerutti's version, which itself was drawn from A. C.

---

[19] See Cerutti 1998: x-xi.

Clark's 1911 OCT version. I accept practically all emendations by Cerutti, but often chose to keep punctuation from Greenough's text or supply my own when I found it to be helpful for readability. Below is a list of the major textual variants that may be of note to an intermediate student navigating this text (I do not include minor changes in orthography and punctuation):

Section	Latin Library / Greenough	Cerutti / Pixelia edition
4	contigit	coepit
5	sīc	dedit
5	[omitted]	lūmen
5	fuit	fāvit
8	hīs	hīc
11	quibus	quem
11	[omitted]	<Quaere argūmenta, sī quae potes; numquam enim hic neque suō neque amīcōrum iūdiciō revincētur.>
15	quod	quid
16	hīs	hic
16	adversiōnem	remissiōnem

18	et doctrīnā	ex doctrīnā
21	classis et	classis est
32	quae autem remōta ā meā iūdiciālīque cōnsuētūdine	quae ā forō aliēna iūdiciālīque cōnsuētūdine

ESSENTIAL TOOLS
FOR GENERATING THIS READER

Alatius Macronizer web tool: https://alatius.com/macronizer/

Cicero *Prō Archiā Poētā Ōrātiō* base text (Greenough, 1869):
https://www.thelatinlibrary.com/cicero/arch.shtml

Cicero *Prō Archiā Poētā Ōrātiō* base text (A. C. Clark, 1911):
https://archive.org/details/orationes0006cice/page/n113/mode/2up?vie
w=theater

Dickinson College Core Latin Vocabulary:
https://dcc.dickinson.edu/latin-core-list1

Haverford Classics' The Bridge Vocabulary List web tool:
https://bridge.haverford.edu/

Logeion dictionary sources: https://logeion.uchicago.edu/

Packard Humanities Institute. Classical Latin Texts Searchable
Database: https://latin.packhum.org/search

Bibliography and
Notable Examples of Tiered Readers

Amstutz, R., 2023. *Scalae Latinae: Tiered Selections from Cicero, Livy, Ovid, and Vergil.* Independently Published.

Ballestrini, K. et al., rev. 2020. "Operation Caesar: AP Reading List." The Pericles Group: Project Arkhaia: https://lapis.practomime.com/index.php/operation-caesar-reading-list (last accessed July 2024).

Beard, M., 2015. *SPQR: A History of Ancient Rome.* Liveright Publishing Corporation.

Boyd. R., 2023. "*Pro Investigando*: The Benefits of Experimental Research in Investigating Latin Reading Instruction," *Classical Outlook*, Vol. 94.1: 1-6.

Bracey, J., 2020. "It's Time to Fix Your Pedagogy: FAQ and Resources for Creating an Equitable Latin Classroom," *Eidolon* August 3 2020: https://eidolon.pub/why-now-is-the-best-time-to-embrace-ci-pr actices-7b0bc8e1dcf4 (last accessed July 2024).

Carlon, J., 2023. "Mind the Gaps: Between Theory, Goals, and Practice in Teaching Latin Students to Read," *Classical Outlook*, Vol. 94.1: 6-10.

Cerutti, S. M., 1998. *Cicero: Pro Archia Poeta Oratio (Latin and English Edition).* Bolchazy Carducci Publishers.

—-, 1999. *Cicero Pro Archia Poeta Oratio: A Structural Analysis of the Speech and Companion to the Commentary.* Bolchazy Carducci Publishers.

Clarcq, L. and M. Whaley, 2012-2019. *Embedded Reading: Simplify, Scaffold, Succeed!!* https://embeddedreading.com/ (last accessed July 2024).

Clarcq, L. 2012. "Embedded Reading: A Scaffolded Approach to Teaching Reading," *International Journal of Foreign Language Teaching*, Spring 2012: 21-24.

Gruber-Miller, J. and B. Mulligan, 2022. "Latin Vocabulary Knowledge and the Readability of Latin Texts: A Preliminary Study," *New England Classical Journal* Vol 49.1: 80-101.

Hendrickson, T., 2021. "Latin Novellas and the New Pedagogy," *Society for Classical Studies Blog*, September 7, 2021: https://www.classicalstudies.org/scs-blog/thomashendrickson/blog-latin-novellas-and-new-pedagogy (last accessed July 2024).

Hunt, S., 2022. "Novellas and Free Voluntary Reading: An Overview and Some Starting Points for Further Research into Practice," *The Journal of Classics Teaching* Vol. 23.46: 176-83: https://www.cambridge.org/core/journals/journal-of-classics-teaching/article/novellas-and-free-voluntary-reading-an-overview-and-some-starting-points-for-further-research-into-practice/F91576004B6187C3E5865973EF7D667E (last accessed July 2024).

Hurt, C., 2014-. *Found in Antiquity* (blog): https://foundinantiquity.com/ (last accessed July 2024).

---, 2023a. "Shelter Vocabulary, Not Grammar," *Found in Antiquity* (blog), May 18 2023: https://foundinantiquity.com/2023/05/18/shelter-vocabulary-not-grammar/ (last accessed July 2024)

---, 2023b. *The Lover's Curse: A Tiered Reader of Aeneid 4 (Latin Edition)*. Found in Antiquity.

Keeline, T. and T. Kirby, 2023. "Latin Vocabulary and Reading Latin: Challenges and Opportunities," *TAPA* 153.2: 531-59.

Lanier, J. et al., 2023. *AVARICUM: Caesar's Gallic War VII.1-28*. Pixelia Publishing.

---, 2024. *GERGOVIA: Caesar's Gallic War VII.29-62*. Pixelia Publishing.

---, 2025 (expected). *ALESIA: Caesar's Gallic War VII.63-90*. Pixelia Publishing.

Mondon, J.-F., 2015. *Caesar's De Bello Gallico: A Syntactically Parsed Reader*. Routledge.

Olimpi, A., 2019. *Daedalus and Icarus: A Tiered Latin Reader (Latin Edition)*. Comprehensible Classics Press.

Paideia Institute, 2022. *C. Iulii Caesaris Commentarii De Bello Gallico: Excerpti et Illustrati ad Usum Discipulorum*. Dolphin Editions. The Paideia Institute.

Piantaggini, L., 2016. "Forget About the Fossa: [Textbook] Embedded Readings Done BETTER," *Magister P.: Grading, Assessment, and Comprehension-based Language Teaching* (blog). August 9 2016: https://magisterp.com/2016/08/09/forget-about-the-fossa-textbook-embedded-readings-done-right/ (last accessed July 2024).

----, 2019a. "Input-Based Activities," *The Journal of Classics Teaching* Vol. 20.39: 51-56: https://www.cambridge.org/core/journals/journal-of-classics-teaching/article/inputbased-activities/D9027F4C0F75253EC8EFA2557132C23E (last accessed July 2024).

----, 2019b. "Collaborative Storytelling: Embedded Readings," *Magister P.: Grading, Assessment, and Comprehension-based Language Teaching* (blog). July 17 2019: https://magisterp.com/2019/07/17/collaborative-storytelling-embedded-readings/ (last accessed July 2024).

Piazza, J. P., 2019. *Seneca's Letters to Lucilius: Selections, with Simplified Versions and a Glossary*. Independently Published, rev. ed. 2022.

Ramahlo, M., 2019. "On Starting to Teaching Using CI," *The Journal of Classical Teaching*, Vol. 20.39: 45-50: https://www.cambridge.org/core/journals/journal-of-classics-teaching/article/on-starting-to-teach-using-ci/A727010578CDFF22DE531F9030530ED3 (last accessed July 2024).

Sears, L., 2019. "Adapting Antiquity." Presentation for the Annual Meeting of the Classical Association of New England: https://tinyurl.com/adaptingantiquity

Sears, L., and K. Ballestrini, 2019. "Adapting Antiquity: Using Tiered Texts to Increase Latin Reading Proficiency," *Journal of Classics Teaching* Vol. 20.39: 71-77.

Shelton, C., 2023. "What Skills Do Students Need for Upper Division Latin?" *TAPA* Vol. 153.2: 561-87.

Slocum-Bailey, J., 2016. "How to Create Twisted Embedded Readings." *Indwelling Language* (blog), April 12 2016: https://indwellinglanguage.com/create-twisted-embedded-readings/ (last accessed July 2024).

Steadman, G., 2016. *Cicero's First Catilinarian: Latin Text with Facing Vocabulary and Commentary.* Geoffrey Steadman. Also available at: https://geoffreysteadman.files.wordpress.com/2023/05/cicerocat.may2023.pdf (last accessed July 2024).

ABBREVIATIONS

abl: ablative

acc: accusative

adv.: adverb

comp.: comparative

dat: dative

f.: feminine

gen: genitive

indic.: indicative

m.: masculine

n.: neuter

nom: nominative

pl.: plural

prep.: preposition

sg.: singular

subj.: subjunctive

superl.: superlative

PRO ARCHIA POETA ORATIO

Section 1

Cicero introduces his defendant, the poet and literary scholar Aulus Licinius Archias. He claims that Archias was a major influence on his own rhetorical skills that have helped to keep the Roman Republic safe.

abhorreō, -ēre, abhoruī: be averse to, differ from (+ ā/ab + abl)

aetās, aetātis f.: age, lifetime

Archiās, Archiae Licinius, -ī m.: Aulus Licinius Archias, 120-61 BCE, Greek poet with Roman citizenship; the subject of this trial

cōnfiteor, cōnfitērī, cōnfessus: confess

disciplīna, -ae f.: training, method

exercitātiō dīcendī: rhetorical training

exiguus, -a, -um: small, slight

exsistō, -sistere, -stitī: stand out

frūctus, -ūs m.: profit, reward

īnfitior (1): deny

ingenium, -ī n.: ability, talent

ingredior, ingredī, ingressus: begin

profectō (adv.): surely, certainly

proficīscor, -ī, -fectus: set out, originate

quoad: as long as

ratiō, -ōnis f.: method, system

repetō, -ere, -īvī, -ītus: claim, get back

rēs, reī f.: matter; (in legal context) case

studium, ī n.: study of (+ gen)

suō iūre (idiom): on his own right

suscipiō, -ere, suscēpī, susceptus: take up, undertake

ūsque (adv.): continuously

versor (1): be involved in

Tier 1

Sī ingenium habeō,
id est propter Archiam Licinium.
Archiās Licinius frūctum meī ingenī repetere **dēbet**.
    Nam quoad mēns mea respicit tempus praeteritum,
videō
    hunc (A. Licinium) exstitisse.

Sī mea vōx salūtem tulit,
    huic (A. Liciniō) salūtem ferre **dēbēmus**.

Tier 2

Sī (ali)quid ingenī est in mē, iūdicēs,
aut sī ratiō, ab studiīs ac disciplīnā profecta (est in mē),
A. Licinius frūctum repetere **dēbet.**

Nam quoad mēns mea potest respicere tempus praeteritum,
videō
hunc exstitisse ad suscipiendam et ad ingrediendam ratiōnem.

Quod sī haec vōx, hortātū Archiae cōnfōrmāta, alicui salūtī fuit,
salūtem ferre **dēbēmus** huic Archiae,
ā quō accēpimus id
quod aliōs servāre possit.

Tier 3

Sī (ali)quid ingenī, iūdicēs, est in mē,
aut sī (ali)qua exercitātiō dīcendī est in mē,
aut sī (ali)qua ratiō huius reī, ab optimārum artium studiīs ac
disciplīnā profecta, est in mē,
A. Licinius frūctum eārum rērum omnium ā mē repetere **dēbet.**

Nam quoad mēns mea potest
   respicere tempus praeteritum,
   et recordārī pueritiam,
inde ūsque repetēns hunc **videō**
   ad suscipiendam et ad ingrediendam ratiōnem hōrum
studiōrum exstitisse.

Quod sī haec vōx, hortātū praeceptīsque huius cōnfōrmāta,
   alicui salūtī fuit,
huic ipsī,
   ā quō accēpimus id quō aliōs servāre possēmus,
et opem et salūtem ferre **dēbēmus.**

Pro Archia Poeta Section 1

Verba Ipsa

Sī quid est in mē ingenī, iūdicēs,
  quod sentiō quam sit exiguum,
aut sī qua exercitātiō dīcendī,
  in quā mē nōn īnfitior mediocriter esse versātum,
aut sī huiusce reī ratiō aliqua ab optimārum artium studiīs ac
disciplīnā profecta,
  ā quā ego nūllum cōnfiteor
    aetātis meae tempus abhorruisse,
eārum rērum omnium vel in prīmīs hic **A. Licinius** frūctum ā mē
repetere prope suō iūre **dēbet.**

Nam quoad longissimē potest mēns mea
  respicere spatium praeteritī temporis,
    et pueritiae memoriam recordārī ultimam,
inde ūsque repetēns hunc **videō**
  mihi prīncipem et ad suscipiendam et ad ingrediendam
  ratiōnem hōrum studiōrum exstitisse.

Quod sī haec vōx, huius hortātū praeceptīsque cōnfōrmāta, nōn
nūllīs aliquandō salūtī fuit,
  ā quō id accēpimus
    quō cēterīs opitulārī et aliōs servāre possēmus,
huic profectō ipsī,
  quantum est situm in nōbīs,
et opem et salūtem ferre **dēbēmus.**

Section 2

Cicero explains that despite their differences, the art of poetry (Archias' expertise) and the art of oratory (Cicero's expertise) are nonetheless interconnected.

---

ars dīcendī: the art of public speaking; oratory

cognātiō, -ōnis f.: bond, fetter

contineō, -ēre, continuī, contentus: contain, hold together

dēdō, dēdere, dēdidī, dēditus: be devoted to, give up

disciplīna, -ae f.: training, method

facultās, -tātis f.: ability, skill

forte (adv.): by chance

hūmānitās, -tātis f.: human culture, civilization

ingenium, -ī n.: ability, talent

nē...quidem (adv.): not even

penitus (adv.): entirely

pertineō, -ēre, pertinuī, pertentus: pertain to

ratiō, -ōnis f.: method, system

suscipiō, -ere, suscēpī, susceptus: take up, undertake

vinculum, -ī n.: bond, fetter

Tier 1

Nē (ali)quis mīrētur
    nōs hoc dīcere,
nōs nōn sōlum artem dīcendī **suscēpimus.**

Omnēs artēs hūmānitātis **habent** vinculum,
et **continentur** inter sē.

Tier 2

Ac nē (ali)quis mīrētur
  hoc ā nōbīs dīcī,
    quia alia facultās in Archiā sit,
nōs nōn sōlum studiō artis dīcendī **dēditī fuimus.**

Omnēs artēs hūmānitātis **habent** commūne vinculum,
et **continentur** cognātiōne inter sē.

Tier 3

Ac nē (ali)quis mīrētur
  hoc ita ā nōbīs dīcī forte,
    quod alia quaedam facultās ingenī in hōc (Archiā) sit,
      neque haec ratiō dīcendī aut disciplīna (in hōc/Archiā sint),
nōs ūnī studiō penitus umquam **dēditī fuimus.**

Omnēs artēs,
  quae ad hūmānitātem pertinent,
habent quoddam commūne vinculum,
et **continentur** quādam cognātiōne inter sē.

Verba Ipsa

Ac nē quis
   ā nōbīs hoc ita dīcī forte
mīrētur,
   quod alia quaedam in hōc facultās sit ingenī,
   neque haec dīcendī ratiō aut disciplīna,
nē **nōs** quidem huic ūnī studiō penitus umquam **dēditī fuimus.**

Etenim **omnēs artēs,**
   quae ad hūmānitātem pertinent,
habent quoddam commūne vinculum,
   et quasi cognātiōne quādam inter sē **continentur.**

Section 3

Cicero asks a favor from the judges: that they allow him to speak in a style unusual for a court case. He intends to speak about poetry and to use a more poetic form of discourse when doing so, as it is appropriate for the defense of the poet Archias.

abhorreō, -ēre, abhoruī: be averse to; differ from (+ ā/ab + abl)

accommodātus, -a, -um: suitable for, appropriate to (+ dat)

causa, -ae f.: (in legal context) trial

concursus, -ūs m.: crowd

cōnsuētūdō, -dinis f.: habit, custom, norm

conventus, -ūs m.: gathering, assembly, court

exerceō, -ēre, exercuī, exercitus: lead, urge on; (here) preside over

forēnsis, -e: of the forum; oratorical

frequentia, -ae f.: crowd, throng

genus dīcendī: style of speech

hūmānitās, -tātis f.: culture, character

inūsitātus, -a, -um: unusual

iūdicium, -ī n.: judgment; (here) trial

mīrus, -a, -um: strange, wondrous

ōtium, -ī n.: leisure

patior, patī, passus: allow, permit

persōna, -ae f.: role, style

quaestiō, -ōnis f.: inquiry, trial

quemadmodum: to the extent that

rēs, reī f.: matter; (in legal context) case

reus, reī m.: defendant

studia hūmānitātis: liberal arts, humanities studies

tractō (1): handle, discuss, treat

venia, -ae f.: favor

Tier 1

Sed **quaesō** ā vōbīs
  ut mihi veniam dētis:
    ut dē studiīs hūmānitātis loquar,
    et inūsitātō genere dīcendī ūtar.

Tier 2

Sed
    nē vōbīs mīrum sit
        mē hōc genere dīcendī ūtī,
            quod abhorreat ā forēnsī sermōne;

quaesō ā vōbīs,
    ut in hāc causā mihi dētis hanc veniam,
        ut patiāminī mē
            dē studiīs hūmānitātis ac litterārum loquī,
            et novō et inūsitātō genere dīcendī ūtī.

Tier 3

Sed
  nē vōbīs mīrum esse videātur
    mē in quaestiōne lēgitimā et in iūdiciō pūblicō
    –cum rēs agātur–
    hōc genere dīcendī ūtī,
      quod abhorreat ā forēnsī sermōne;

quaesō ā vōbīs,
  ut in hāc causā mihi dētis hanc veniam,
  accommodātam huic reō,
  et nōn molestam vōbīs,
    ut patiāminī
      mē,
        prō summō poētā (Archiā) dīcentem,
        dē studiīs hūmānitātis ac litterārum loquī,
        et in persōnā,
          quae minimē in iūdiciīs tractāta est,
        ūtī novō et inūsitātō genere dīcendī.

Verba Ipsa

Sed
nē cui vestrum mīrum esse videātur
    mē in quaestiōne lēgitimā et in iūdiciō pūblicō–
        cum rēs agātur
            apud praetōrem populī Rōmānī, lēctissimum virūm,
            et apud sevērissimōs iūdicēs,
            tantō conventū hominum ac freqūentiā–
        hōc ūtī genere dīcendī,
            quod nōn modo ā cōnsuētūdine iūdiciōrum,
            vērum etiam ā forēnsī sermōne abhorreat;

quaesō ā vōbīs,
    ut in hāc causā mihi dētis hanc veniam,
    accommodātam huic reō,
    vōbīs (quemadmodum spērō) nōn molestam,
        ut mē
            prō summō poētā atque ērudītissimō homine dīcentem,
            hōc concursū hominum līterātissimōrum,
            hāc vestrā hūmānitāte,
            hōc dēnique praetōre exercente iūdicium,
        patiāminī
            dē studiīs hūmānitātis ac litterārum paulō loquī līberius,
            et in eius modī persōnā,
                quae propter ōtium ac studium minīmē in iūdiciīs
                perīculīsque tractāta est,
            ūtī prope novō quōdam et inūsitātō genere dīcendī.

11

Section 4

Cicero intends to prove that Archias is already a citizen, but that even if he were not, his audience would want Archias to be one. Archias was born in Antioch, a wealthy and cultured city. He began his writing career at a young age and became famous in Asia and Greece.

adfluens, -ntis: rich with (+ abl)
adventus, -ūs m.: arrival
antecellō, -ere: surpass
ascīscō, -ere, -scīvī, -scītus: adopt, enroll as citizen
cōpiōsus, -a, -um: rich, abundant
cūnctus, -a, -um: all, entire
ērudītus, -a, -um: learned
excēdō, -ere, excessī, excessus: to pass, go beyond
exspectātiō, -ōnis f.: expectation, awaiting
hūmānitās, -tātis f.: culture, civilization

līberālis, -e: liberal, cultured
nāscor, nāscī, nātus: be born
perficiō, -ere, perfēcī, perfectus: bring about, accomplish, complete
profectō (adv.): surely, certainly
puerī, -ōrum m.: (here) boyhood
quondam (adv.): formerly, once
sē contulit: dedicated himself
sēgregō (1): exclude
tribuō, -ere, tribuī, tribūtus: grant
ut prīmum: as soon as

Tier 1

Sī vōs hoc concēdātis,
putētis:
"Archiās Licinius dēbet esse cīvis."

Nam **Archiās** diū ad scrībendum sē **contulit.**
Prīmum, Antiochīae (in illā urbe) cēterōs ingeniō **Archiās superāvit.**
Posteā, in Asiā et in Graeciā **Archiās celebrābātur.**

Tier 2

Sī hoc ā vōbīs tribuātur et concēdātur,
putētis
Archiam Licinium nōn sēgregandum esse ā cīvibus.

Aut **putētis,**
sī nōn esset cīvis,
Archiam Licinium dēbēre esse cīvem.

Nam
ut prīmum Archiās excessit ex pueritiā et ab puerīlibus artibus,
ad scrībendum sē **contulit.**

Prīmum, Antiochīae
—nam ibi nātus est—
cēterōs ingeniō **superāvit.**

Post, in Asiā et in Graeciā **adventūs** Archiae **celebrābantur.**

Exspectātiō Archiae **superāvit** fāmam Archiae,
et **adventūs** Archiae **superāvērunt** exspectātiōnem Archiae.

Tier 3

Sī sentiam
  hoc mihi ā vōbīs tribuī et concēdī,
perficiam
  ut nōn modo putētis
    Archiam Licinium nōn sēgregandum esse ā numerō cīvium,
      quia Archiās sit cīvis,
  vērum etiam putētis
    Archiam ascīscendum fuisse
      sī Archiās nōn esset cīvis.

Nam ut prīmum Archiās ex pueritiā excessit,
atque ab eīs artibus
  quae aetātem puerīlem īnfōrmant,
sē ad scrībendum **contulit.**

Prīmum Antiochīae
  —nam Archiās ibi nātus est—
  quondam urbe celebrī, cōpiōsā, et adfluentī,
Archiās celeriter omnēs cēterōs ingeniō **superāvit.**

Post in Asiā et Graeciā sīc **adventūs** eius (Archiae) **celebrābantur,**
  ut exspectātiō hominis (Archiae) superāret fāmam ingenī,
  et adventūs superārent exspectātiōnem ipsīus (Archiae).

Verba Ipsa

Quod sī mihi ā vōbīs tribuī concēdīque sentiam,
perficiam profectō
ut
    hunc A. Licinium nōn modo nōn sēgregandum,
        cum sit cīvis,
        ā numerō cīvium,
        vērum etiam
           sī nōn esset,
    putētis
    ascīscendum fuisse.

Nam
    ut prīmum ex puerīs excessit Archiās, atque ab eīs artibus
        quibus aetās puerīlis ad hūmānitātem īnfōrmārī solet
sē ad scrībendī studium **contulit**.

Prīmum Antiochīae
    –nam ibi nātus est locō nōbilī–
celebrī quondam urbe et cōpiōsā,
    atque ērudītissimīs hominibus līberālissimīsque studiīs adfluentī,
celeriter antecellere omnibus ingenī glōriā **coepit**.

Post in cēterīs Asiae partibus cūnctaeque Graeciae sīc eius **adventūs**
celebrābantur,
    ut fāmam ingenī exspectātiō hominis,
    exspectātiōnem ipsīus adventūs admīrātiōque superāret.

15

Section 5

Cicero describes the early career of Archias. Italy and Rome had a growing interest in Greek literary studies; his arrival to the region was celebrated and he was offered citizenship and various awards. In particular, Archias obtained the support of the Lucullus family.

adhibeō, -ēre, adhibuī, adhibitus: offer

celebritās, –tātis f.: renown

cognitiō, -ōnis f.: acquaintance

colō, -ere, coluī, cultus: promote

dignus, –a, –um: worthy of (+ abl)

disciplīna, -ae f.: teaching, training

dōnō (1): grant someone (acc) something (abl)

exīstimō (1): value

familiāris, -e: intimate friend

faveō, favēre, fāvī, fautus: favor (+ dat)

hospitium, -ī n.: hospitality

ingenium, -ī n.: ability, talent

Latium, –ī n.: the region around Rome

Lūcullī, -ōrum m.: Luculli, prominent Roman family, patrons of Archias

nancīscor, nancīscī, nactus: obtain

nōtus, -a, -um: noted, well-known

praetextātus, -a, –um: wearing the toga praetexta, i.e., young

rēs gestae f.: accomplishments

studium, -ī n.: study, instruction

Tarentīnī, Locrēnsēs, Rēgīnī, Neāpolītānī, -ōrum m.: people of towns of Magna Graecia

tranquillitās, –tātis f.: peace, stillness

vehementius (comp. adv.): rather vigorously

Tier 1

Artēs Graecae in Ītaliā, Latiō, et Rōmae **colēbantur.**

Multī in Ītaliā cīvitātem Archiae **dedērunt.**

Archiās Rōmam **vēnit** et cōnsulēs **invēnit.**

Statim **Lūcullī** Archiam **recēpērunt,** propter ingenium Archiae.

Archiās semper **erat** et **est** familiāris Lūcullōrum.

Tier 2

Tum Ītalia **erat** plēna artium Graecārum,
et **haec studia** in Latiō **colēbantur**
et **Rōmae** nōn **neglegēbantur.**

Itaque **Tarentīnī et aliī** cīvitātem Archiae **dedērunt;**
et **omnēs exīstimāvērunt**
Archiam esse dignum hospitiō.

Cum iam esset nōtus,
Archiās Rōmam **vēnit.**

Prīmum **Archiās** cōnsulēs **invēnit:**
Marius rēs maximās ad scrībendum adhibēre **poterat;**
Catulus rēs gestās et studium adhibēre **poterat.**

Quamquam Archiās adulēscēns erat,
statim **Lūcullī** Archiam **recēpērunt.**

Hoc est   nōn sōlum propter ingenium Archiae,
            vērum etiam propter nātūram atque virtūtem.

Nam **eadem domus erat** familiāris et **est** familiāris Archiae.

Tier 3

Tum **Ītalia erat** plēna artium ac disciplīnārum Graecārum,
et **haec studia** in Latiō vehementer **colēbantur**
   sīcut nunc in oppidīs coluntur,
et Rōmae propter pācem reī pūblicae nōn **neglegēbantur.**

Itaque **Tarentīnī et Rēgīnī et Neāpolītānī** cīvitātem et cētera praemia
Archiae **dedērunt;**
et **omnēs**
   quī ingenium iūdicāre poterant,
exīstimāvērunt
   Archiam esse dignum hospitiō.

Cum iam esset nōtus tantā celebritāte fāmae,
Archiās Rōmam **vēnit** Mariō cōnsule et Catulō cōnsule.
Nactus est prīmum cōnsulēs eōs,
   quōrum Marius rēs maximās ad scrībendum adhibēre posset,
   Catulus nōn sōlum rēs gestās sed etiam studium atque aurēs
adhibēre posset.

Quamquam Archiās etiam tum praetextātus erat,
statim **Lūcullī** Archiam domum suam **recēpērunt.**

Hoc est   nōn sōlum lūmen ingenī ac litterārum,
              vērum etiam lūmen nātūrae atque virtūtis,
ut eadem domus,
   quae adulēscentiae huius fāvit,
familiārissima esset senectūtī.

Verba Ipsa

Erat Ītalia tum plēna Graecārum artium ac disciplīnārum,
studiaque haec et in Latiō vehementius tum colēbantur
quam nunc īsdem in oppidīs,
et hīc Rōmae propter tranquillitātem reī pūblicae nōn neglegēbantur.

Itaque hunc et Tarentīnī et Rēgīnī et Neāpolitānī cīvitāte cēterīsque
praemiīs dōnā(vē)runt;
et omnēs,
  quī aliquid dē ingeniīs poterant iūdicāre,
cognitiōne atque hospitiō dignum exīstimā(vē)runt.

Hāc tantā celebritāte fāmae cum esset iam absentibus nōtus,
Rōmam vēnit Mariō cōnsule et Catulō.
Nactus est prīmum cōnsulēs eōs,
  quōrum alter rēs ad scrībendum maximās,
  alter cum rēs gestās tum etiam studium atque aurīs (=aurēs)
  adhibēre posset.

Statim Lūcullī,
  cum praetextātus etiam tum Archiās esset,
eum domum suam recēpērunt.
Dedit etiam hoc   nōn sōlum lūmen ingenī ac litterārum,
                         vērum etiam nātūrae atque virtūtis,
  ut domus,
    quae huius adulēscentiae prīma fāvit,
  eadem esset familiārissima senectūtī.

Section 6

Cicero details the many powerful friends Archias made in Rome; and his eventual decision to enroll as a citizen in Heraclea.

---

adficiō, -ere, adfēcī, adfectus: (here) grace with, bestow upon
aequus, -a, -um: equal, equivalent
ascrībō, -ere, ascrīpsī, ascrīptus: enroll as citizen
Catō, Catōnis, m.; Drūsus, -ī, m.; L. Crassus, ī, m.; M. Aemilius, -ī, m.; Q. Catulus, ī, m.; Q. Metellus, -ī (Numidicus, -ī and Pius, -ī) m.: prominent Roman statesmen befriended by Archias (see Cerutti 1998, Appendix I)
cīvitās, -tātis f.: state, citizenship
colō, -ere, coluī, cultus: promote, cultivate; (here) honor
cōnsuētūdō, -dinis f.: habit, custom, norm; (here) intimacy
dēcēdō, -ere, dēcessī, dēcessus: go away

dēvinciō, -īre, -vinxī, -vinctus: bind
dignus, -a, -um: worthy
foedus, foederis n.: treaty
grātia, -ae f.: favor, love; on account of (+ gen)
Hēraclēa, -ae f.: an Italian city
Hortēnsiī, -ōrum m.: prominent Roman family
impetrō (1): obtain
intervāllum, -ī n.: interval of time
iūcundus, -a, -um: pleasing to, friends with (+ dat)
iūs, iūris n.: law, right
Lūcullus, -ī, M. m.: M. Terentius Varro Lucullus, 116-56 BCE, of the prominent Roman Luculli family, patrons of Archias

---

Tier 1

Archiās multōs amīcōs et summum honōrem **tenēbat.**

Postquam in Siciliā erat,
Archiās vēnit Hēraclēam:
Archiās voluit
sē ascrībī in Hēraclēam.
Archiās ascrībere sē in Hēraclēam **potuit.**

Tier 2

Archiās erat iūcundus Metellō et Piō;
(**Archiās**) **audiēbātur** ā M. Aemiliō;
(**Archiās**) **vīvēbat** cum Q. Catulō;
(**Archiās**) **colēbātur** ā L. Crassō;
(**Archiās**) multōs amīcōs **tenēbat**;
(**Archiās**) **adficiēbātur** summō honōre;
(Archiam) **colēbant:**
nōn sōlum iī
    quī aliquid percipere studēbant,
vērum etiam iī
    quī aliquid percipere simulābant.

Postquam in Siciliam profectus erat,
    et cum ex Siciliā dēcēderet,
Archiās vēnit Hēraclēam:

Archiās voluit
    sē ascrībī in Hēraclēam, cīvitātem foederātam.

Quia Archiās dignus erat,
Archiās id **impetrāvit.**

Tier 3

Temporibus illīs, **Archiās erat** iūcundus Metellō illī Numidicō et eius
Piō fīliō;
(**Archiās**) **audiēbātur** ā M. Aemiliō;
(**Archiās**) **vīvēbat** cum Q. Catulō et patre et fīliō;
(**Archiās**) **colēbātur** ā L. Crassō;
   cum Archiās Lūcullōs vērō et Drūsum et Octāviōs et Catōnem et
   tōtam Hortēnsiōrum domum dēvīnctam tenēret,
(**Archiās**) **adficiēbātur** summō honōre,
   quia eum colēbant:
   nōn sōlum iī quī aliquid percipere studēbant,
   vērum etiam iī quī aliquid percipere simulābant.

Interim,
   postquam cum M. Lūcullō in Siciliam profectus erat,
   et cum ex eā prōvinciā dēcēderet,
Archiās vēnit Hēraclēam.

   Quia Hēraclēa erat cīvitās foederāta,
Archiās voluit
   sē ascrībī in eam cīvitātem.

   Quia Archiās dignus putābātur,
Archiās id grātiā Lūcullī ab Hēracliēnsibus **impetrāvit**.

Verba Ipsa

Erat temporibus illīs iūcundus Metellō illī Numidicō et eius Piō fīliō;
audiēbātur ā M. Aemiliō;
vīvēbat cum Q. Catulō et patre et fīliō;
ā L. Crassō **colēbātur;**
  Lūcullōs vērō et Drūsum et Octāviōs et Catōnem et tōtam
  Hortēnsiōrum domum dēvīnctam cōnsuētūdine cum tenēret,
adficiēbātur summō honōre,
  quod eum nōn sōlum colēbant
    quī aliquid percipere atque audīre studēbant,
  vērum etiam
    sī quī forte simulābant.

Interim satis longō intervāllō,
  cum esset cum M. Lūcullō in Siciliam profectus,
  et cum ex eā prōvinciā cum eōdem Lūcullō dēcēderet,
vēnit Hēraclēam:
  quae cum esset cīvitās aequissimō iūre ac foedere,
  ascrībī sē in eam cīvitātem
voluit;
idque,
  cum ipse per sē dignus putārētur,
  tum auctōritāte et grātiā Lūcullī ab Hēracliēnsibus **impetrāvit.**

Section 7

Cicero cites the specific law under which Archias obtained legal Roman citizenship.

ascrībō, -ere, ascrīpsī, ascrīptus: enroll as citizen

cīvitās, -tātis f.: state, citizenship

familiāris, -e: intimate friend

ferre lēgem: propose a law

foederātī cīvitātēs: states in allegiance to Rome (in this case, neighboring Italian states)

lēx, lēgis f.: law

Lēx Silvānī et Carbōnī: a.k.a Lex Plautia Papiria (89 BCE), which grants citizenship to Italian allies of Rome

profiteor, profitērī, professus: declare publicly; (here) register, enroll as citizen

Tier 1

Lēx Silvānī et Carbōnis dīcit:
Data est cīvitās

"Sī (ali)quī in cīvitātibus foederātīs in Ītaliā habitābant;
et sī professī erant."

Archiās professus est.

Tier 2

Lēx Silvānī et Carbōnis **dīcit:**
Data est cīvitās

"Sī (ali)quī foederātīs cīvitātibus ascrīptī erant;
sī domicilium in Ītaliā habuerant;
et sī professī erant."

Archiās professus est apud praetōrem.

Tier 3

Lēx Silvānī et Carbōnis **dīcit:**
Data est cīvitās

"Sī (ali)quī foederātīs cīvitātibus ascrīptī erant;
sī domicilium in Ītaliā habuerant eō tempore,
    quō lēx ferēbātur;
et sī sexāgintā diēbus apud praetōrem professī erant."

Quia Archiās domicilium Rōmae multōs annōs habēbat,
professus est apud praetōrem Q. Metellum.

Verba Ipsa

Data est cīvitās Silvānī lēge et Carbōnis:

"Sī quī foederātīs cīvitātibus ascrīptī fuissent;
sī tum,
   cum lēx ferēbātur,
in Ītaliā domicilium habuissent;
et sī sexāgintā diēbus apud praetōrem essent professī."

Cum hic domicilium Rōmae multōs iam annōs habēret,
professus est apud praetōrem Q. Metellum familiārissimum suum.

Section 8

Cicero declares the case closed. He has witnesses to prove that Archias enrolled at Heraclea. He objects to his opponent Grattius's request for public records instead, as they were destroyed in the Social War.

---

ascrībō, -ere, ascrīpsī, ascrīptus: enroll as citizen

causa, -ae f.: (in legal context) trial; for the sake of (+ gen)

corrumpō, -rumpere, -rūpī, ruptus: spoil, contaminate, corrupt, falsify

fidēs, -eī f.: trustworthiness, confidence

flāgitō (1): demand

incendō, -ere, incendī, incensus: set fire, burn

īnfirmō (1): disprove, refute

integer, -gra, -grum: reliable, uninjured

intereō, -īre, -iī, -itus: perish, be ruined

intersum, -esse, -fuī: be present

iūs iurandum n.: sworth oath

Lūcullus, -ī, M. m.: Marcus Terentius Varro Lucullus, 116-56 BCE, of the prominent Roman Luculli family, patrons of Archias

mandātum, -ī n.: commission, order

opīnor (1): suppose

religiō, -ōnis f.: scrupulousness

tabulārium, -ī n.: public registry

tabula, -ae f.: (pl) records

testimōnium, -ī n.: evidence, testimony

Tier 1

Causa dicta est.

Nihil īnfirmārī potest.

Archiās Hēracleae ascrīptus est.

M. Lūcullus et Hēracliēnsēs lēgātī dīcunt
    Archiam Hēracleae ascrīptum esse.

Tū dēsīderās tabulās Hēracliēnsium, sed tabulae interiērunt.

Est rīdiculum
    dēsīderāre tabulās corruptās.

Tier 2

Nihil **dīcō** amplius:
Causa **dicta est.**

Quid īnfirmārī **potest?**

Archiās Hēraclēae **ascrīptus est.**

M. Lūcullus dīcit
  sē scīre, vīdisse, et ēgisse.

Hēracliēnsēs lēgātī vēnērunt et **dīcunt**
  Archiam Hēraclēae ascrīptum esse.

Tū dēsīderās tabulās Hēracliēnsium.
Sed **omnēs scīmus**
  eās tabulās interīsse.

Est rīdiculum
    dīcere nihil,
    quaerere ea,
    tacēre,
    flāgitāre,
    repudiāre,
    et **dēsīderāre** tabulās corruptās.

Tier 3

Sī sōlum dē cīvitāte ac lēge dīcimus,
nihil **dīcō** amplius:
causa dicta est.

Ō Grattī: **Quid** īnfirmārī **potest?**

Negābis Archiam Hēraclēae ascrīptum esse?

M. Lūcullus adest, vir summā auctōritāte et religiōne et fidē,
   quī dīcit
      sē nōn opīnārī sed scīre
      sē nōn audīsse sed vīdisse,
      sē nōn interfuisse sed ēgisse.

Hēracliēnsēs lēgātī adsunt, nōbilissimī hominēs:
propter hoc iūdicium cum testimōniō **vēnērunt;**
   quī dīcunt
      Archiam Hēraclēae ascrīptum esse.

Hīc **tū dēsīderās** tabulās pūblicās Hēracliēnsium:
omnēs scīmus
   eās tabulās Ītalicō bellō propter incendium interīsse.

Est rīdiculum:
   dīcere nihil dē eīs
      quae habēmus,

quaerere ea
  quae habēre nōn possumus;
tacēre dē memoriā hominum,
flāgitāre memoriam litterārum;
repudiāre ea
  quae dēprāvārī nōn possunt;
  quamquam habeās religiōnem et fidem,
dēsīderāre tabulās
  quās tū dīcis
    solēre corrumpī.

Verba Ipsa

Sī nihil aliud nisi dē cīvitāte ac lēge dīcimus,
nihil **dīcō** amplius:
causa dicta est.

Quid enim hōrum īnfirmārī, Grattī, **potest?**

Hēraclēaene esse tum ascrīptum **negābis?**

Adest vir summā auctōritāte et religiōne et fidē, **M. Lūcullus,**
  quī
    sē nōn opīnārī sed scīre
    nōn audīsse sed vīdisse,
    nōn interfuisse sed ēgisse
  dīcit.

Adsunt Hēracliēnsēs lēgātī, nōbilissimī hominēs:
huius iūdicī causā cum mandātīs et cum pūblicō testimōniō
vēnērunt;
  quī
    hunc ascrīptum Heracliēnsem
  dīcunt.

Hīc **tū** tabulās **dēsīderās** Hēracliēnsium pūblicās:
  quās
    Ītalicō bellō incēnsō tabulāriō interīsse
  scīmus omnīs (=omnēs).

Est rīdiculum

  ad ea

    quae habēmus

  nihil **dīcere,**

quaerere

    quae habēre nōn possumus;

  et dē hominum memoriā **tacēre,**

  litterārum memoriam **flāgitāre;**

  et,

    cum habeās amplissimī virī religiōnem, integerrimī mūnicipī

    iūs iūrandum fidemque,

  ea

    quae dēprāvārī nūllō modō possunt

repudiāre,

tabulās,

    quās īdem dīcīs

      solēre corrumpī,

dēsīderāre.

Section 9

Cicero shows that Archias has complied with the Lex Plautia Papiria by having a domicile in Rome and registering with the praetor Metellus. He notes that whereas the records of the praetors Appius and Gabinius were not trustworthy, Metellus' records are reliable.

adservō (1): to keep, administer
Appius, -ī m.: Appius Claudius Pulcher, praetor in 89 BCE
auctōritās, -tātis f.: authority, prestige, legitimacy
calamitās, -tātis f.: misfortune, disaster
collēgium, -ī n.: guild, board
collocō (1): place, settle
commoveō, -ēre, commōvī, commōtus: excite, upset, move
damnātiō, -ōnis f.: condemnation
Gabīnius, -ī m.: Publius Gabinius Capito, praetor in 89 BCE, later convicted of extortion
immō vērō: surely on the contrary
incolumis, -e: safe, unprosecuted

levitās, -tātis f.: frivolity
litūra, -ae f.: erasure, smearing
Metellus, -ī m.: Quintus Caecilius Metellus Pius, praetor in 89 BCE.
moderātus, -a, -um: restrained
neglegentius (adv.): carelessly
profiteor, profitērī, professus: declare publicly; (here) register, enroll as citizen
resignō (1) + fidem: break confidence
quam diū: as long as
sānctus, -a, -um: pious, just
sēdēs, -is f.: seat, home, residence
tabula, -ae f.: (pl) records

Tier 1

Archiās domicilium Rōmae habēbat.
Archiās professus est in bonīs tabulīs.
Tabulae Appī et Gabīnī neglēctae sunt.

Metellus in suīs tabulīs magnā dīligentiā fuit.
In hīs tabulīs, nūllam litūram vidētis.

33

Tier 2

Archiās domicilium Rōmae **habuit,**
quia fortūnās suās Rōmae habēbat.

At **Archiās** nōn **professus est?**

Archiās professus est eīs tabulīs,
quae auctōritātem ex praetōribus habent.

Nam,
quamquam tabulae Appī neglēctae **dīcēbantur;**
et levitās (et calamitās) Gabīnī fidem tabulārum **resignāvit,**

Metellus tantā dīligentiā **fuit,**
ut dīxerit:
litūram ūnīus nōminis commovēre eum (Metellum).

In hīs tabulīs, nūllam litūram **vidētis.**

Tier 3

An domicilium Rōmae nōn **habuit is (Archiās),**
quī,
antequam cīvitās data est,
sēdem fortūnārum suārum Rōmae collocāvit?

At **Archiās** nōn **est professus?**

Immō vērō **Archiās professus est** eīs tabulīs,
quae auctōritātem ex praetōribus habent.

Nam,
quamquam tabulae Appī neglēctae dīcēbantur;
et levitās Gabīnī
(quam diū incolumis fuit)
fidem tabulārum resignāverat
et calamitās Gabīnī (post damnātiōnem) fidem tabulārum
resignāvit,

Metellus tantā dīligentiā **fuit,**
ut vēnerit ad L. Lentulum praetōrem,
et dīxerit:
sē commōtum esse litūrā ūnīus nōminis.

In hīs tabulīs, nūllam litūram in nōmine A. Licinī **vidētis.**

35

Verba Ipsa

An domicilium Rōmae nōn **habuit is,**
    quī tot annīs ante cīvitātem datam sēdem omnium rērum ac
fortūnārum suārum Rōmae collocāvit?

At nōn **est professus?**

Immō vērō eīs tabulīs **professus,**
    quae sōlae ex illā professiōne collēgiōque praetōrum obtinent
pūblicārum tabulārum auctōritātem.

Nam–
    cum Appī tabulae neglegentius adservātae dīcerentur;
        Gabīnī,
            quam diū incolumis fuit,
        levitās, post damnātiōnem calamitās omnem tabulārum
        fidem resignā(vi)sset–

Metellus, homō sānctissimus modestissimusque omnium, tantā
dīligentiā **fuit,**
    ut ad L. Lentulum praetōrem et ad iūdicēs vēnerit,
    et ūnīus nōminis litūrā sē commōtum esse dīxerit.

In hīs igitur tabulīs nūllam litūram in nōmine A. Licinī **vidētis.**

Section 10

There should be no doubt of Archias' citizenship at Heraclea, as he also enjoyed the legal citizenship of other notable communities. Due to his exceptional talent, Archias is a more worthy citizen than many others who achieved citizenship in desirable municipalities.

cīvitās, -tātis f.: state, citizenship
grātuitō (adv.): for free
humilis, -e: humble
impertiō, -īre: bestow
ingenium, -ī n.: ability, talent
irrēpō, -ere, irrēpsī: creep in
largior, -īrī, -ītus: grant, bestow
Lēx Pāpia: a recent law prosecuting
   foreigners claiming false citizenship
   (not *Lex Plauta Papiria*; see section 7)
mediocris, -e: middling

mūnicipium, -ī n.: town
nē...quidem (adv.): not even
praeditus, -a, -um: endowed
praesertim cum: especially since
Rēgīnī, Locrēnsēs, Neāpolītānī,
   Tarentīnī: other Italian municipalities
reiciō, -ere, reiēcī, reiectus: reject
scaenicus artifex, scaenicī artificis m.:
   actor
tabula, -ae f.: (pl.) records

Tier 1

Quid dē cīvitāte Archiae **dubitētis**?
Archiās in aliīs cīvitātibus **ascrīptus est**.

In Graeciā, **hominēs** cīvitātem multīs mediocribus **dabant**.
Crēdere nōn **possum:**
   Rēgīnōs nōluisse
     cīvitātem Archiae dare.

Aliī in tabulās **inrēpsērunt**, sed **Archiās reicietur**?

Tier 2

Quid dē cīvitāte Archiae **dubitētis?**
Archiās in aliīs cīvitātibus **ascrīptus est.**

Eō tempore, in Graeciā, **hominēs** multīs mediocribus cīvitātem
dabant.

Crēdere nōn **possum:**
   Rēgīnōs aut aliōs nōluisse
     largīrī Archiae id,
        quod scēnicīs artificibus largīrī solēbant?

Quid?
Aliī in tabulās **inrēpsērunt,**
   nōn modo post cīvitātem datam,
   sed etiam post lēgem Pāpiam.

Archiās,
   quī nōn ūtitur illīs tabulīs
     quia semper voluit
       sē esse Heracliēnsem,
reiciētur?

Tier 3

Quia ea ita sint,
quid dē eius cīvitāte **dubitētis**,
quoniam Archiās in aliīs cīvitātibus ascrīptus fuit?

Eō tempore
quō hominēs multīs mediocribus, et nūllā arte praeditīs,
grātuītam cīvitātem in Graeciā impertiēbant,
crēdō:
Rēgīnōs aut aliōs nōluisse
largīrī huic (Archiae, praedītō summā glōriā ingenī) id,
quod scēnicīs artificibus largīrī solēbant?

Quid?
cum cēterī aliī,
nōn modo postquam cīvitās data est,
sed etiam postquam Lēx Pāpia est,
in tabulās Rēgīnās (et Neāpolītānās, et aliās) inrēpsērunt,
hic (Archiās),
quī nōn ūtitur illīs tabulīs
in quibus est scrīptus,
quia semper voluit
sē esse Heracliēnsem,
reiciētur?

Verba Ipsa

Quae cum ita sint,
quid est
quod dē eius cīvitāte dubitētis,
praesertim cum aliīs quoque in cīvitātibus fuerit ascrīptus?

Etenim cum mediocribus multīs et aut nūllā aut humilī aliquā
arte praeditīs grātuītō cīvitātem in Graeciā hominēs
impertiēbant,
Rēgīnōs
crēdō
aut Locrēnsīs (=Locrēnsēs) aut Neāpolītānōs aut Tarentīnōs,
quod scēnicīs artificibus largīrī solēbant,
id huic summā ingenī praeditō glōriā nōluisse!

Quid?
Cum cēterī   nōn modo post cīvitātem datam,
sed etiam post lēgem Pāpiam,
aliquō modō in eōrum mūnicipiōrum tabulās inrēpsērunt,
hic,
quī nē ūtitur quidem illīs
in quibus est scrīptus,
quod semper sē Heracliēnsem esse voluit,
reiciētur?

Section 11

Cicero dismisses census reports as incomplete evidence of citizenship and explains why Archias does not appear in them. Rather, he lists the ways in which Archias was conducting his affairs as a Roman citizen.

adeō, -īre, -iī, -itus: take possession
aerārium, -ī n.: treasury
argūmentum, -ī n.: proof, argument
beneficium, -ī n.: privilege, benefit
cēnseō, cēnsēre, cēnsuī, cēnsus: count, assess
cēnsor, -ōris m.: censor, a magistrate
cēnsus, -ūs m.: census
cīvitās, -tātis f.: state, citizenship
Crassus, -ī m: P. Licinius Crassus, censor in 89 BCE
crīminor (1): charge, accuse
dēferō, -ferre, -tulī, lātus: offer
gerō, -ere, gessī, gestus + sē: behave
hērēditās, -tātis f.: inheritance
iūdicium, -ī n.: judgment, trial; (here) opinion

Iūlius, -iī, m: L. Julius Caesar, censor in 89 BCE
iūs, iūris n.: law, right
L. Lūcullus, -ī m.: Lucius Licinius Lucullus, 118-56 BCE, Roman general and statesman
nē...quidem (adv.): not even
obscūrus, -a, -um: little-known
prō cīve: as a citizen
proximus, -a, -um: most recent, closest
revincō, -vincere, -vīcī, -victus: convict, disprove
scīlicet (adv.): clearly
superior, -ōris: (here) prior
tantum modo: but only
testāmentum, -ī n.: will
versor (1): be involved in

Tier 1

Cēnsūs nostrōs **requīris.**
Sed omnibus cēnsibus, **Archiās** Rōmae nōn **erat.**
Cēnsus nōn iūs cīvitātis **cōnfirmat.**

Tū dīcis:
    Archiam cīvem Rōmānum nōn esse,
sed **Archiās** nostrīs lēgibus multa **fēcit.**

41

Tier 2

Cēnsūs nostrōs **requīris.**

Est enim obscūrum:
  proximīs cēnsibus, hunc (Archiam) apud exercitum fuisse;
  superiōribus cēnsibus, Archiam in Asiā fuisse;
  prīmīs cēnsibus, nūllam partem populī esse cēnsam.

Cēnsus nōn iūs cīvitātis **cōnfirmat.**

Tū crīmināris:
  Archiam cīvem Rōmānum nōn esse,
sed nostrīs lēgibus:
testāmentum **fēcit,**
adiit hērēditātēs,
et in beneficiīs Rōmānīs **dēlātus est.**

Numquam **hic Archiās revincētur.**

Tier 3

Cēnsūs nostrōs **requīris.**

Est enim obscūrum:
> proximīs cēnsōribus, hunc (Archiam) apud exercitum fuisse;
> superiōribus cēnsōribus, Archiam in Asiā fuisse;
> prīmīs cēnsōribus, nūllam partem populī esse cēnsam.

Sed,
> quoniam cēnsus nōn iūs cīvitātis cōnfirmat,
> sed sōlum indicat
> > aliquem sē gessisse prō cīve,
> eīs temporibus **Archiās,**
> > quem tū crīmināris
> > > in cīvium Rōmānōrum iūre nōn esse versātum,
> et testāmentum **fēcit** nostrīs lēgibus,
> et **adiit** hērēditātēs cīvium Rōmānōrum,
> et in beneficiīs ad aerārium **dēlātus est** ā L. Lūcullō.

Quaere argūmenta,
> sī potes;
numquam **hic (Archiās) revincētur,** neque iūdiciō suō neque iūdiciō amīcōrum.

Verba Ipsa

Cēnsūs nostrōs **requīris**. Scīlicet!
Est enim obscūrum
    proximīs cēnsōribus hunc cum clārissimō imperātōre L. Lūcullō
    apud exercitum fuisse;
    superiōribus, cum eōdem quaestōre fuisse in Asiā;
    prīmīs Iūliō et Crassō nūllam populī partem esse cēnsam.

Sed,
    quoniam cēnsus nōn iūs cīvitātis cōnfirmat,
    ac tantum modo indicat
        eum
            quī sit cēnsus
            ita sē iam tum gessisse prō cīve,
eīs temporibus **is**
    quem tū crīmināris
        nē ipsīus quidem iūdiciō in cīvium Rōmānōrum iūre esse
        versātum,
et testāmentum saepe **fēcit** nostrīs lēgibus,
et **adiit** hērēditātēs cīvium Rōmānōrum,
et in beneficiīs ad aerārium **dēlātus est** ā L. Lūcullō prō cōnsule.

Quaere argūmenta,
    sī quae potes;
numquam enim **hic** neque suō neque amīcōrum iūdiciō **revincētur**.

Section 12

Archias is admirable because he produces poetry, which in turn is admirable because it benefits oratory: poetry both increases the eloquence of the speaker and provides relief from the stress of the law court. Cicero has always been devoted to helping others through oratory and poetry.

abdō, -ere, -didī, -ditus: remove

abstrahō, -trahere, -trāxī, -tractus: drag away

aspectus, -ūs m.: sight

āvocō (1): call away

commodum, -ī n.: benefit

contentiō, -ōnis f.: struggle

convīcium, -ī n.: clamor, abuse

cotīdiē (adv.): daily

dēfessus, -a, -um: tired

doctrīna, -ae f.: teaching, learning

excolō, -ere, -uī, -cultus: cultivate

forēnsis, -e: of the form, oratorical

prōferō, -ferre, -tulī, -lātus: bring forward

pudeō, -ēre, puduī, puditus: shame

reficiō, -ere, refēcī, refectus: restore

relaxō (1): relax

retardō (1): hinder

strepitus, -ūs m.: noise, uproar

suppeditō (1): provide

suppetō, -ere, -īvī, -ītus: be available

tantopere (adv.): so much

voluptās, -tātis f.: pleasure

Tier 1

Cūr Archiam **amāmus**?
Quia **Archiās dat** nōbīs litterās.

Sine doctrīnā et litterīs, **nostra verba** suppetere nōbīs nōn **possunt** et **animī nostrī** contentiōnem ferre nōn **possunt**.

Ego doctrīnae et litterīs **dēditus sum.**
Sed **aliī** litterīs nōn **dēditī sunt**; nihil commūnī frūctuī **dant**.
Ōtium numquam mē **abstrāxit** ā commodō nūllīus.

45

Tier 2

Quaerēs ā nōbīs, ō Grattī,
cūr hunc hominem amēmus.

Quia **dat** nōbīs doctrīnam et litterās
quibus animus reficiātur,
et aurēs conquiēscant.

An **tū exīstimās**
sine doctrīnā et litterīs:
aut nostra verba suppetere nōbīs posse
aut animōs nostrōs contentiōnem ferre posse?

Ego hīs studiīs (doctrīnae et litterīs) **dēditus sum.**

Aliī sē litterīs **abdidērunt**
ut nihil ex litterīs ad commūnem frūctum adferant,
neque in aspectum lūcemque prōferant.

Ego ita **vīvō,**
ut numquam ōtium, voluptās, nec somnus mē abstrāxerint ā
tempore aut commodō nūllīus.

Tier 3

Quaerēs ā nōbīs, Grattī,
cūr hōc homine dēlectēmur.

Quia **suppeditat** nōbīs doctrīnam et litterās
quibus noster animus reficiātur,
et nostrae aurēs conquiēscant.

An **tū exīstimās**
aut nostra verba suppetere nōbīs posse
nisi animōs nostrōs doctrīnā excōlāmus;
aut animōs nostrōs tantam contentiōnem ferre posse,
nisi animōs doctrīnā relaxēmus?

Ego hīs studiīs **dēditus sum.**
Cēterōs **pudeat,**
sī illī sē litterīs abdidērunt
ut nihil   ex litterīs ad commūnem frūctum adferant,
neque in aspectum lūcemque prōferant.
Quid **pudeat** mē,
quī tot annōs ita vīvō,
ut ōtium meum numquam mē abstrāxerit ā tempore aut
commodō nūllīus,
aut voluptās numquam mē āvocāverit (ā tempore aut
commodō nūllīus),
aut dēnique somnus numquam mē retardāverit (ā tempore aut
commodō nūllīus).

47

Verba Ipsa

Quaerēs ā nōbīs, Grāttī,
  cūr tantopere hōc homine dēlectēmur.

Quia **suppeditat** nōbīs
  ubi et animus ex hōc forēnsī strepitū reficiātur,
  et aurēs convīciō dēfessae conquiēscant.

An **tū exīstimās**
  aut suppetere nōbīs posse
    quod cotīdiē dīcāmus in tantā varietāte rērum,
      nisi animōs nostrōs doctrīnā excōlāmus;
    aut ferre animōs tantam posse contentiōnem,
      nisi eōs doctrīnā eādem relaxēmus?

Ego vērō **fateor**
  mē hīs studiīs esse dēditum:
cēterōs **pudeat,**
  sī quī sē ita litterīs abdidērunt
    ut nihil possint ex eīs neque ad commūnem adferre frūctum,
    neque in aspectum lūcemque prōferre:
mē autem quid **pudeat,**
  quī tot annōs ita vīvō, iūdicēs,
    ut ā nūllīus umquam mē tempore aut commodō aut ōtium
    meum abstrāxerit,
    aut voluptās āvocā(ve)rit,
    aut dēnique somnus retardā(ve)rit?

48

Section 13

Cicero claims to spend as much time devoted to the study of literature as others do to their leisure activities. For indeed, literature enhances his oratorical skill and provides the highest rewards.

alveolus, –ī m.: game board

concēdō, -ere, concessī, concessus: allow, grant

convīvium tempestīvum: a banquet

dēsum, dēesse, dēfuī: fail, neglect

facultās, -tātis f.: ability, skill

fēstus diēs, m.: holiday

fōns, fontis m.: source

hauriō, -īre, hausī, haustus: draw in

iūre: (here) rightfully

levis, –e: trivial, frivolous

lūdus, -ī m.: game

obeō, obīre, obiī/obīvī, obitus: go to, attend

ōrātiō, -ōnis f.: (here) public speaking

pila, –ae f.: playing-ball

quantuscumque, -acumque, -umcumque: of whatever size

quārē: therefore, on which account

recolō, –ere, –coluī, –cultus: cultivate

reprehendō, -ere, reprehendī, reprehēnsus: blame

sūmō, -ere, sūmpsī, sūmptus: undertake

suscēnseō, -ēre, suscēnsuī: be angry

tribuō, -ere, tribuī, tribūtus: allot, grant

voluptās, -tātis f.: pleasure

Tier 1

Nēmō mē reprehendere **potest,**

   sī tantum temporum ego concēdō ad studia et litterās,

   quantum temporum aliī concēdunt ad suās rēs.

Nam ex hīs studiīs, **mea ōrātiō et facultās crēscunt.**

Sentiō

   mē ex illīs studiīs summa haurīre.

Tier 2

Quis mē **reprehendat,**
    sī tantum temporum ego sūmpserō ad haec studia,
        quantum temporum concēditur cēterīs ad suās rēs, et
        quantum temporum aliī tribuunt tempestīvīs convīviīs?

Atque **hoc concēdendum est:**
ex hīs studiīs, **mea ōrātiō et facultās crēscunt;**
    quae numquam dēfuērunt.

Sī haec facultās levis vidētur,
sentiō
    mē ex eō fonte summa haurīre.

Tier 3

Quis mē **reprehendat,**
aut **quis** mihi **suscēnseat,**
sī,
    quantum temporum concēditur cēterīs ad suās rēs obeundās,
    quantum temporum concēditur cēterīs ad fēstōs diēs lūdōrum
    celebrandōs,
    quantum temporum concēditur cēterīs ad aliās voluptātēs et ad
    ipsam requiem animī et corporis,
    quantum temporum aliī tribuunt tempestīvīs convīviīs,
    quantum temporum aliī tribuunt alveolō,
    quantum temporum aliī tribuunt pilae,
    tantum temporum ego sūmpserō ad haec studia recolenda?

Atque **hoc concēdendum est** mihi:
    ex hīs studiīs, **haec ōrātiō et facultās crēscit;**
        quae numquam perīculīs amīcōrum dēfuit.

Sī haec facultās levior alicui vidētur,
sentiō
    ex quō fonte hauriam illa
        quae summa sunt.

Verba Ipsa

Quārē **quis** tandem mē **reprehendat,**
aut **quis** mihi iūre **suscēnseat,**
    sī,
        quantum cēterīs ad suās rēs obeundās,
        quantum ad fēstōs diēs lūdōrum celebrandōs,
        quantum ad aliās voluptātēs et ad ipsam requiem animī et
        corporis concēditur temporum,
        quantum aliī tribuunt tempestīvīs convīviīs,
        quantum dēnique alveolō,
        quantum pilae,
    tantum mihi egomet ad haec studia recolenda sūmpserō?

Atque **hoc** ideō mihi **concēdendum est** magis,
    quod ex hīs studiīs haec quoque crēscit ōrātiō et facultās;
        quae,
            quantacumque in mē est,
        numquam amīcōrum perīculīs dēfuit.

Quae sī cui levior **vidētur,**
illa quidem certē,
    quae summa sunt,
    ex quō fonte hauriam
sentiō.

Section 14

Cicero learned important moral lessons from Greek and Latin poets'
descriptions of admirable historical figures. These lessons, which have guided
Cicero's work for the Republic, would be lost to time if they were not
preserved in literature.

accēdō, -ere, accessī, accessus: approach,
    reach, be added
cōnfōrmō (1): conform, shape
cotīdiānus, -a, -um: daily
cruciātus, -ūs m.: torture
dīmicātiō, -ōnis f.: struggle:
dūcō, -ere, dūxī, ductus: (here) consider,
    believe
exemplum, -ī n.: example, lesson
expetō, -ere, -īvī, -ītus: seek out
imāgō, -inis f.: likeness; death mask

intueor, intuērī, intuitus: look at
laus, laudis f.: praise
lūmen, lūminis n.: light
magnopere (adv.): greatly
obiciō, -ere, obiēcī, obiectus: throw
persequor, persequī, persecūtus: pursue
praeceptum, -ī n.: teaching, lesson
prōflīgātus, -a, -um: corrupt, dissolute
suādeō, -ēre, suāsī, suāsus: persuade (+
    dat)

Tier 1

Litterae mihi suāsērunt,
    mē laudem petere dēbēre.
Ergō, in dīmicātiōnēs atque impetūs mē obiēcī.

Omnēs librī sunt plēnī exemplōrum,
    quae in tenebrīs nōn iacent,
        quia lūmen litterārum accēdit.

Scrīptōrēs nōbīs multās imāginēs relīquērunt.
Ego mentem meam illīs imāginibus cōnfōrmābam.

53

Tier 2

Nam
  nisi praeceptīs et litterīs mihi suāsissem,
    laudem expetī dēbēre,
    et perīcula mortis parva esse,
  numquam mē in tantās dīmicātiōnēs atque impetūs **obiēcissem**.

Sed **omnēs librī sunt** plēnī exemplōrum,
  quae iacērent in tenebrīs,
    nisi lūmen litterārum accēderet.

Scrīptōrēs relīquērunt nōbīs multās imāginēs
  ad intuendum et imitandum.

Ego,
  prōpōnēns illās imāginēs,
  mentem meam cōgitātiōne **cōnfōrmābam**.

Tier 3

Nam
  nisi praeceptīs et litterīs mihi suāsissem,
    nihil expetendum esse in vītā
      magis quam laudem atque honestātem,
    et in laude persequendā, omnēs cruciātūs corporis, omnia
  perīcula mortis dūcenda esse parvī,
numquam mē prō salūte vestrā in dīmicātiōnēs atque in impetūs
obiēcissem.

Sed **omnēs librī sunt** plēnī exemplōrum,
vōcēs sapientium **sunt** plēnae exemplōrum,
vetustās est plēna exemplōrum:
  quae omnia iacērent in tenebrīs,
    nisi lūmen litterārum accēderet.

Scrīptōrēs et Graecī et Latīnī relīquērunt nōbīs multās imāginēs
expressās fortissimōrum virōrum,
  nōn sōlum ad intuendum,
  vērum etiam ad imitandum.

Ego,
  semper prōpōnēns mihi illās imāginēs in administrandā rē
  pūblicā,
animum et mentem meam cōgitātiōne hominum excellentium
cōnfōrmābam.

Verba Ipsa

Nam
  nisi multōrum praeceptīs multīsque litterīs mihi ab adulēscentiā
  suāsissem,
    nihil esse in vītā magnopere expetendum nisi laudem atque
    honestātem,
      in eā autem persequendā omnīs (=omnēs) cruciātūs corporis,
      omnia perīcula mortis atque exsilī parvī esse dūcenda,
numquam mē prō salūte vestrā in tot ac tantās dīmicātiōnēs atque in
hōs prōflīgātōrum hominum cotīdiānōs impetūs **obiēcissem.**

Sed plēnī **omnēs sunt librī,**
plēnae sapientium **vōcēs,**
plēna exemplōrum **vetustās:**
  quae iacērent in tenebrīs omnia,
    nisi litterārum lūmen accēderet.

Quam multās nōbīs imāginēs
  –nōn sōlum ad intuendum,
    vērum etiam ad imitandum–
fortissimōrum virōrum expressās **scrīptōrēs et Graecī et Latīnī**
relīquērunt?

Quās **ego**
  mihi semper in administrandā rē pūblicā prōpōnēns
animum et mentem meam ipsā cōgitātiōne hominum excellentium
cōnfōrmābam.

Section 15

Cicero acknowledges that many admirable figures throughout history with great innate talent did not have the benefit of a literary education. However, the best outcome arises from the combination of innate talent and disciplined learning.

accēdō, -ere, accessī, accessus: approach, reach, be added

adiungō, -ere, adiūnxī, adiūnctus: add

cōnfōrmātiō, -ōnis f.: formation through education

contendō, -ere, contendī, contentus: assert

doctrīna, -ae f.: teaching, learning

efferō, -ferre, extulī, ēlātus: raise, lift up

ērudiō, -īre, ērudiī, ērudītus: instruct

eximius, -a, -um: exceptional

exsistō, -sistere, -stitī: emerge, arise

exstō, exstāre, exstitī: stand out

gravis, -e: distinguished

habitus, -ūs m.: character

illūstris, -e: brilliant, distinguished

laus, laudis f.: praise

moderātus, -a, -um: restrained

nātūra, -ae f.: innate nature

nesciōquid: "something indescribable"

prōdō, -ere -didī, -ditus: bring forth, publish

quispiam, quaepiam, quidpiam: anyone/thing

ratiō, -ōnis f.: method, system

valeō, -ēre, valuī: be worthy, strong

Tier 1

Summīne virī ērudītī sunt istā doctrīnā?
Difficile est cōnfirmāre, sed respondēbō:
multī hominēs excellentēs fuērunt sine doctrīnā.

Saepius nātūra sine doctrīnā valuit
quam doctrīna sine nātūrā valuit.

Hoc valdē praeclārum est: ratiō doctrīnae cum nātūrā eximiā.

Tier 2

Quispiam quaeret:
"Quid?
Illīne ipsī summī virī ērudītī fuērunt istā doctrīnā?"

Difficile **est** cōnfirmāre.
Sed quid **respondeam?**
Est certum
   quid respondeam.

Ego fateor:
   multōs hominēs excellentī animō fuisse,
   et multōs hominēs sine doctrīnā fuisse moderātōs et gravēs,
   propter habitum nātūrae.

Etiam adiungō:
   saepius nātūram sine doctrīnā valuisse
      quam doctrīnam sine nātūrā.

Atque **ego contendō:**
      sī ratiō doctrīnae cum nātūrā eximiā est,
      tum aliquid praeclārum esse.

Tier 3

Quaeret quispiam: "Quid?
Virtūtēs summōrum virōrum litterīs prōditae sunt.

Illīne ipsī summī virī ērudītī fuērunt istā doctrīnā,
  quam tū effers?"

Difficile est
cōnfirmāre hoc dē omnibus summīs virīs,
sed est certum
quid respondeam.

Ego fateor:
  multōs hominēs excellentī animō ac virtūte fuisse,
  et multōs hominēs sine doctrīnā exstitisse per sē ipsōs et
  moderātōs et gravēs, habitū prope dīvīnō nātūrae ipsīus.

Etiam illud adiungō,
  saepius nātūram sine doctrīnā valuisse ad laudem atque virtūtem
    quam doctrīnam sine nātūrā valuisse ad laudem atque virtūtem.

Atque īdem ego contendō,
  cum ratiō cōnfōrmātiōque doctrīnae accesserint ad nātūram
    eximiam,
  tum quiddam praeclārum ac singulāre solēre exsistere.

Verba Ipsa

Quaeret quispiam:
"Quid? **Illī ipsī summī virī,**
 quōrum virtūtēs litterīs prōditae sunt,
istāne doctrīnā,
 quam tū effers laudibus,
ērudītī fuērunt?"

Difficile **est**
 hoc dē omnibus **cōnfirmāre,**
sed tamen **est** certē
 quid respondeam.

Ego
 multōs hominēs excellentī animō ac virtūte fuisse,
 et sine doctrīnā nātūrae ipsīus habitū prope dīvīnō per sē ipsōs et
 moderātōs et gravīs (=gravēs) exstitisse,
fateor.

Etiam illud **adiungō,**
 saepius ad laudem atque virtūtem nātūram sine doctrīnā
 quam sine nātūrā valuisse doctrīnam.

Atque īdem **ego contendō,**
 cum ad nātūram eximiam atque illūstrem accesserit ratiō
 quaedam cōnfōrmātiōque doctrīnae,
 tum illud nesciōquid praeclārum ac singulāre solēre exsistere.

Section 16

Cicero names some historical figures who exemplify the ideal combination of innate talent and formal literary education. He argues, however, that literature also provides sheer pleasure beyond any utility. In fact, literature has benefits for all ages, all times, and all places.

Āfricānus: Publius Cornelius Scipio Africanus, 235-183 BCE, Roman general and statesman in the Second Punic War

acuō, –ere, –uī, –ūtus: sharpen

adiuvō, -āre, adiūvī, adiūtus: help, be profitable

Catō, Catōnis, M. m.: Marcus Porcius Cato (Maior), 234-149 BCE; Roman statesman and orator, notably during the Second Punic War

colō, -ere, coluī, cultus: promote, cultivate

cōnferō, -ferre, -tulī, cōllātus: dedicate, direct

continēns, -ntis: self-restrained

dēlectātiō, –ōnis f.: pleasure, delight

doctus, -a, -um: learned

forīs (adv.): abroad

frūctus, -ūs m.: profit, reward

Fūrius Philus, Lūcius: Roman politician and cultural patron in the 2nd c. BCE; a contemporary of C. Laelius

hūmānus, –a, –um: civilized, refined

impediō, -īre, -īvī, impedītus: hinder

Laelius, -ī m.: Gaius Laelius 190-129 BCE; Roman orator admired by Cicero who had distinguished himself in the Third Punic War; a contemporary of L. Furius

līberālis, -e: noble, gracious

moderātus, –a, –um: restrained, temperate

oblectō (1): amuse, delight

ōrnō (1): honor, extol, embellish

percipiō, -ere, percēpī, perceptus: take in, grasp

peregrīnor (1): travel abroad

perfugium, –ī n.: shelter

pernoctō (1): spend the night

profectō (adv.): surely, certainly

remissiō, -ōnis f.: relaxation

rūsticor (1): be in the countryside

secundus, –a, –um: favorable

sōlācium, -ī n.: comfort

Tier 1

Multī virī fortēs et doctī studuērunt litterīs
ut virtūtem perciperent.

Studia litterārum frūctum **dant**
et hūmānissima **sunt**.

Cētera studia nōn **sunt** bona in omnibus temporibus neque locīs;
haec studia sunt bona in multīs temporibus et locīs.

Tier 2

Ego hoc **contendō:**
ex hōc numerō esse Scīpiōnem Āfricānum, C. Laelium, L.
Fūrium, M. Catōnem: hominēs moderātissimōs et fortissimōs.

Illī virī sē ad studium litterārum **contulērunt,**
quia litterae illōs virōs adiūvērunt
ut illī virī virtūtem perciperent.

Quamquam litterae frūctum ostendunt,
studia litterārum tamen hūmānissima ac līberālissima **sunt**.

Cētera studia nōn **sunt** bona in omnibus temporibus, aetātibus, et locīs;
haec studia sunt bona in multīs temporibus, aetātibus, et locīs.

Tier 3

Ego hoc **contendō**:
    ex hōc numerō esse Scīpiōnem Āfricānum,
        quem patrēs nostrī vīdērunt;
    ex hōc numerō esse C. Laelium et L. Fūrium, moderātissimōs;
    ex hōc numerō esse fortissimum et doctissimum senem, M.
Catōnem.

Illī virī numquam sē ad studium litterārum **contulissent**,
    nisi litterae eōs adiuvārent ad percipiendam virtūtem.

Sed nisi litterae frūctum ostenderent,
tamen **iūdicārētis**
    studia litterārum esse hūmānissimam ac līberālissimam
remissiōnem animī.

Nam **cēterae remissiōnēs** animī nōn **sunt** omnium temporum neque
omnium aetātum neque omnium locōrum:
haec studia   adulēscentiam **alunt**,
               senectūtem **oblectant**,
               secundās rēs **ōrnant**,
               perfugium ac sōlācium adversīs **praebent**,
               dēlectant domī,
               nōn **impediunt** forīs,
               pernoctant nōbīscum,
               peregrīnantur,
               rūsticantur.

Verba Ipsa

[**ego** hoc **contendō**:]

Ex hōc esse hunc numerō,
  quem patrēs nostrī vīdērunt,
dīvīnum hominem Āfricānum;
ex hōc C. Laelium, L. Fūrium, moderātissimōs hominēs et
continentissimōs;
ex hōc fortissimum virum et illīs temporibus doctissimum,
M. Catōnem illum senem:
  quī profectō
    sī nihil ad percipiendam colendamque virtūtem litterīs
    adiuvārentur,
  numquam sē ad eārum studium contulissent.

Quod sī nōn hic tantus frūctus ostenderētur,
  et sī ex hīs studiīs dēlectātiō sōla peterētur,
tamen
  –ut opīnor–
  hanc animī remissiōnem hūmānissimam ac līberālissimam
iūdicārētis.

Nam **cēterae** neque temporum **sunt** neque aetātum omnium neque
locōrum:
haec studia   adulēscentiam **alunt,**
             senectūtem **oblectant,**
             secundās rēs **ōrnant,**

adversīs perfugium ac sōlācium **praebent,**
dēlectant domī,
nōn **impediunt** forīs,
pernoctant nōbīscum,
peregrīnantur,
rūsticantur.

Section 17

Cicero suggests that everyone must appreciate the art of literature and poetry, as it represents movement and activity of the mind. He points out that everyone appreciated the recently deceased actor Roscius for his artistic talent of movement of the body.

agrestis, -e: rustic, unsophisticated
animus, -ī m.: soul, mind
attingō, -ere, attigī, attāctus: touch on, reach
celeritās, -tātis f.: quickness
commoveō, -ēre, commōvī, commōtus: excite, upset, move
conciliō (1): win over, obtain
dūrus, -a, -um: harsh, hard
gustō (1): taste
incrēdibilis, -e: incredible

ingenium, -ī n.: talent, ability
mīror (1): wonder/marvel at
mōtus, -ūs m.: movement
nūper (adv.): recently
omnīnō (adv.): entirely
Rōscius, -iī m.: Q. Roscius Gallus, 126-62 BCE, a famous actor and friend of Cicero
sēnsus, -ūs m.: perception, sense
venustās, -tātis f.: charm, grace

Tier 1

Nōs ea studia mīrārī **dēbēmus.**

Mors Rōscī multōs **commōvit:**
Rōscius propter artem suam morī nōn **dēbēbat.**

Nōs Rōscium propter mōtum corporis **amāverāmus:**
nōs mōtūs ingeniōrum neglegere nōn **dēbēmus.**

Tier 2

Quamquam nōs haec studia tangere nōn possumus,
tamen **nōs** ea studia mīrārī **dēbēmus.**

Quis tam dūrus **fuit,**
ut mors Rōscī eum nōn commovēret?

Rōscius
quamquam senex erat,
tamen propter suam artem **vidēbātur**
nōn dēbuisse morī.

Nōs omnēs amōrem Rōscī propter mōtum corporis **habuerāmus:**
nōs mōtūs animōrum et ingeniōrum neglegere nōn **dēbēmus.**

Tier 3

Sed sī nōs haec studia
   neque tangere possēmus
   neque gustāre possēmus,
tamen **nōs** ea studia mīrārī **dēbērēmus,**
   etiam cum in aliīs hominibus vidērēmus.

Quis nostrum tam dūrus **fuit,**
   ut morte Rōscī nōn commovērētur?

Rōscius
   quamquam mortuus est eō tempore
      quō senex esset,
tamen, propter suam excellentem artem, **vidēbātur**
   nōn dēbuisse morī.

Ergō **ille Rōscius** magnum amōrem ā nōbīs omnibus propter mōtum corporis **conciliāverat:**

nōs incrēdibilēs mōtūs animōrum et celeritātem ingeniōrum **neglegēmus?**

Verba Ipsa

Quod sī ipsī haec
  neque attingere
  neque sēnsū nostrō gustāre
possēmus,
tamen ea mīrārī **dēbērēmus**,
etiam cum in aliīs vidērēmus.

Quis nostrum tam animō agrestī ac dūrō **fuit**,
ut Rōscī morte nūper nōn commovērētur?

Quī
  cum esset senex mortuus,
tamen propter excellentem artem ac venustātem **vidēbātur**
omnīnō morī nōn dēbuisse.

Ergō **ille** corporis mōtū tantum amōrem sibi **conciliā(ve)rat** ā nōbīs
omnibus:

nōs animōrum incrēdibilīs (=incrēdibilēs) mōtūs celeritātemque
ingeniōrum **neglegēmus**?

Section 18

Cicero marvels at Archias's poetic production, whether composed spontaneously without prior preparation, or carefully crafted beforehand. He is compelled to admire and defend Archias; for poets, according to wise men, possess divine inspiration.

accūrātē (adv.): carefully, elaborately

admīror (1): admire, respect

appellō (1): call, address

attendō, -ere, attendī, attentus: pay attention to

benignitās, -tātis f.: kindness

commendō (1): entrust with

commūtō (1): change, alter

cōnstō, cōnstāre, cōnstitī, constātus: be based on, consist of

dēfendō, -ere, dēfendī, dēfēnsus: defend, protect

dīligenter (adv.): diligently, carefully

dīligō, -ere, dīlēxī, dīlēctus: love

doctrīna, -ae f.: learning, teaching

Ennius, -iī m.: Quintus Ennius, 239-169 BCE, Roman epic poet

ērudītus, -a, -um: clever, educated

ex tempore (idiom): spontaneously, improvised

genus, generis (n.) dīcendī: way of speaking

īnflō (1): swell, inspire

mūnus, mūneris n.: gift, duty

perveniō, -īre, pervēnī, perventus: reach, arrive at

praeceptum, -ī n.: lesson, teaching

probō (1): approve, commend

quasi (adv.): as if

quoniam: since, because

quotiēns (adv.): how often!

revocō (1): call back

sānctus, -a, -um: sacred, divine

spīritus, -ūs m.: spirit, inspiration

suō iūre (idiom): by his own account

valeō, -ēre, valuī: be worthy, strong

versus, -ūs m.: verse, line of poetry

Tier 1

Archiās multōs versūs **dīxit** dē multīs rēbus,
quamquam nūllam litteram scrīpserat.

Archiās eandem rem **dīxit** commūtātīs verbīs,
postquam revocātus erat.

Archiās laudātus est propter ea verba
quae scrīpserat.

Ego dēbeō Archiam admīrārī et dēfendere.
Nam **poētae** dīvīnum spīritum et dōnum deōrum **habent**, et sānctōs
sunt.

Tier 2

Iūdicēs, mē dīligenter **attenditis**.

Ego vīdī
  hunc Archiam multōs versūs dīcere dē multīs rēbus
    quamquam Archiās nūllam litteram scrīpsisset.
Ego vīdī
  Archiam dīcere eandem rem, commūtātīs verbīs
    postquam revocātus esset.
Ego vīdī
  ea verba
    quae Archiās scrīpsisset,
  probārī,
  et Archiam laudārī.

Ego dēbeō
  Archiam dīligere, admīrārī, et putāre
    eum dēfendendum esse.

Summī hominēs dīcunt sīc:
  studia cētera ex doctrīnā cōnstāre:
  sed poētam propter suam nātūram valēre,
  et dīvīnum spīritum habēre.

Noster Ennius dīxit
  poētās esse sānctōs
    quia poētae videntur
      dōnum deōrum habēre.

Tier 3

Ūtar vestrā benignitāte, iūdicēs,
  quoniam mē dīligenter attenditis.

Quotiēns **ego vīdī**,
  quamquam Archiās nūllam litteram scrīpsisset,
  hunc Archiam magnum numerum versuum dīcere dē eīs rēbus
  quae tum agerentur!
Quotiēns **ego vīdī**
Archiam,
  postquam revocātus esset,
dīcere eandem rem, commūtātīs verbīs!
Ego vīdī
  ea verba
    quae Archiās accūrātē scrīpsisset,
  sīc probārī,
    ut Archiam habēret laudem veterum scrīptōrum.

Ego hunc Archiam nōn **dīligam**, nōn **admīrer**, nōn **putem**
  omnī ratiōne dēfendendum esse?
Atque ā summīs hominibus **accēpimus** sīc:
  studia cēterārum rērum ex doctrīnā et praeceptīs et arte cōnstāre:
  sed poētam nātūrā ipsā valēre,
  et mentis vīribus excitārī,
  et quasi dīvīnō spīritū īnflārī.
Noster ille Ennius sānctōs **appellat** poētās,
  quia poētae videntur
    commendātī esse nōbīs quasi dōnō deōrum.

73

Verba Ipsa

Quotiēns **ego** hunc Archiam vīdī, iūdicēs,
  –**ūtar** enim vestrā benignitāte,
    quoniam mē in hōc novō genere dīcendī tam dīligenter
    attenditis–
quotiēns **ego** hunc vīdī,
  cum litteram scrīpsisset nūllam,
  magnum numerum optimōrum versuum dē eīs ipsīs rēbus
    quae tum agerentur
  dīcere ex tempore!
Quotiēns (**vīdī**)
  (Archiam) revocātum eandem rem dīcere, commūtātīs verbīs atque
  sententiīs!
  Quae vērō accūrātē cōgitātēque scrīpsisset,
ea sīc **vīdī** probārī,
  ut ad veterum scrīptōrum laudem pervenīret.
Hunc **ego** nōn **dīligam**, nōn **admīrer**, nōn
  omnī ratiōne dēfendendum (esse)
putem?
Atque sīc ā summīs hominibus ērudītissimīsque **accēpimus**,
  cēterārum rērum studia ex doctrīnā et praeceptīs et arte cōnstāre:
  poētam nātūrā ipsā valēre,
  et mentis vīribus excitārī,
  et quasi dīvīnō quōdam spīritū īnflārī.
Quārē suō iūre **noster ille Ennius** sānctōs **appellat** poētās,
  quod quasi deōrum aliquō dōnō atque mūnere
    commendātī nōbīs esse
  videantur.

Section 19

Cicero describes the voice of a poet as sacred. Many cities in Greece claim the poet Homer posthumously as a citizen due to his poetic talent; Cicero urges that Romans ought to claim Archias as a citizen, especially since he has written about Roman military matters and celebrates the glory of Rome.

aliēnus, –a, –um: foreigner

attingō, attingere, attigī, attāctus: mention, touch on

barbaria, –ae f.: brutality

bestia, –ae f.: wild beast

C. Marius, Mariī, m.: Roman general and consul

cantus, –ūs m.: singing, poem

Cimbricae rēs, f.: military campaign led by C. Marius

Colophoniī, Chiī, Salamīniī, Smyrnaeī, m.: men from the Greek cities of Colophon, Chios, Salamis, and Smyrna.

cōnferō, cōnferre, cōntulī, cōllātus: collect, bring together

cōnsistō, cōnsistere, cōnstitī, cōnstitus: stand still

contendō, contendere, contendī, contentus: compete, dispute

dēlūbrum, –ī n.: shrine, temple

dūrus, –a, –um: hard, harsh

expetō, expetīre, expetīvī, expetītus: desire, seek out

flectō, flectere, flēxī, flexus: bow

hūmānus, –a, –um: civilized, refined

immānis, –e: huge, monstrous

ingenium, –ī n.: ability, talent

īnstituō, īnstituere, īnstituī, īnstitūtus: educate, set up

iūcundus, –a, –um: pleasant, delightful

permultus, –a, –um: very many

repetō, -ere, repetīvī, repetītus: demand, claim

repudiō (1): refuse, reject

sānctus, –a, –um: sacred, holy

sōlitūdō, –inis f.: desert, wasteland

studium, –ī n.: study, zeal

vindicō (1): claim

violō (1): dishonor

voluntās, -tātis f.: will, desire

Tier 1

Nōmen poētae **est** sānctum.

Bēstiae vōcī poētārum **respondent:**
nōs vōcī poētārum nōn **respondēmus?**

Multī hominēs dīcunt
    Homērum esse suum cīvem
    quamquam Homērus mortuus est.
Nōs nōn **cupimus** hunc Archiam,
    quī vīvus est?

Nam **Archiās** glōriam populī Rōmānī **celebrat**
et dē rēbus Rōmānīs **scrībit.**

Tier 2

Hoc nōmen poētae dēbet esse sānctum apud vōs, iūdicēs.

Saxa, sōlitūdinēs, et bēstiae vōcī poētārum respondent:
nōs nōn vōce poētārum movēmur?

Colophōniī, Chiī, Salamīniī, Smyrnaeī, et multī aliī dīcunt
Homērum esse suum cīvem,
et templum Homērī dēdicāvērunt.

Illī hominēs Homērum post mortem etiam cupiunt,
nōs hunc Archiam,
   quī vīvus est,
nōn cupimus?

Nam Archiās dīcit
   glōriam populī Rōmānī celebrandam esse.
Nam Archiās adulēscēns dē Cimbricīs rēbus scrīpsit,
et amātus est ab C. Mariō.

Tier 3

Hoc nōmen poētae,
    quod barbaria numquam violāvit,
sit sānctum apud vōs, iūdicēs et hūmānissimōs hominēs.

Saxa et sōlitūdinēs vōcī poētārum **respondent**,
saepe **bēstiae immānēs** propter cantum poētārum **cōnsistunt:**
nōs
    quī rēbus optimīs īnstitūtī sumus,
nōn vōce poētārum **moveāmur?**

Colophōniī dīcunt
    Homērum esse suum cīvem,
Chīī vindicant (Homērum esse suum cīvem)
Salamīniī Homērum **repetunt,**
Smyrnaeī cōnfirmant (Homērum esse suum cīvem),
itaque dēlūbrum Homērī in oppidō **dēdicāvērunt:**
multī aliī pugnant inter sē atque **contendunt.**

Illī hominēs Homērum post mortem etiam **expetunt**
    quia poēta fuit:
nōs hunc Archiam,
    quī vīvus et noster est,
repudiāmus,
        praesertim cum Archiās suō studiō atque ingeniō dīcit
            glōriam laudemque populī Rōmānī celebrandam esse?
Nam **Archiās** Cimbricās rēs attigit,
et iūcundus **fuit** C. Mariō, hominī dūrō.

Verba Ipsa

Sit igitur, iūdicēs, sānctum apud vōs, hūmānissimōs hominēs, hoc poētae nōmen,
   quod nūlla umquam barbaria violāvit.

Saxa et sōlitūdinēs vōcī respondent,
bēstiae saepe immānēs cantū flectuntur atque cōnsistunt:
nōs, īnstitūtī rēbus optimīs, nōn poētārum vōce moveāmur?

Homērum Colophōniī cīvem esse dīcunt suum,
Chiī suum vindicant, Salamīniī repetunt,
Smyrnaeī vērō suum esse cōnfirmant,
itaque etiam dēlūbrum eius in oppidō dēdicāvērunt:
permultī aliī praetereā pugnant inter sē atque contendunt.

Ergō illī aliēnum,
   quia poēta fuit,
post mortem etiam expetunt:
nōs hunc vīvum,
   quī et voluntāte et lēgibus noster est,
repudiāmus,
   praesertim cum omne ōlim studium atque omne ingenium
   contulerit Archiās ad populī Rōmānī glōriam laudemque
   celebrandam?
Nam et Cimbricās rēs adulēscēns attigit,
et ipsī illī C. Mariō,
   quī dūrior ad haec studia vidēbātur,
iūcundus fuit.

Section 20

Cicero indicates that anyone would enjoy having their life work commemorated by poets; he cites Themistocles and Marius as examples.

acroāma, –atis n.: musical or recitation entertainment

āversus, –a, –um: opposed to

celebrō (1): celebrate, honor

dīligō, dīligere, dīlēxī, dīlēctus: love, esteem

eximiē (adv.): exceptionally

gerō, gerere, gessī, gestus: (here) accomplish

ingenium, –ī n.: ability, talent

item (adv.): similarly

L. Plōtius, ī m.: a Roman poet

labor, labōris m.: work, accomplishment

libentissimē (superl. adv.): most gladly

mandō (1): commit, entrust

Marius, –ī m.: Roman general and consul

Mūsa, –ae f.: Muses; fig., poetry

praecōnium, –ī n.: publication, commendation

praedicō (1): proclaim

Themistoclēs, –is m.: Athenian historical figure

versus, –ūs m.: line of poetry

Tier 1

Multī virī Mūsās et poētās **amant**,
nam **poētae** labōrēs versibus **celebrant**.

Quaerent Themistoclem, summum virum:
"Quam vōcem audīre **cupis?**"
Themistoclēs dīxit:
"**Ego** vōcem poētae audīre **cupiō**,
    quia vōx poētae virtūtem meam celebrat."

Itaque **Marius** poētam L. Plōtium **amāvit**,
    quia Plōtius labōrēs Mariī celebrāre poterat.

Tier 2

Nēmō est āversus ā Mūsīs,
nam **multī hominēs patiuntur**
suōs labōrēs versibus celebrārī.

Quaesīvērunt Themistoclem, summum virum in urbem Athēnārum:
"Quae verba audīre **cupis?**"
"Cuius vōcem audīre **cupis?**"

Themistoclēs dīxit:
"**Ego** audīre **cupiō** vōcem eius,
quī virtūtem meam celebrāre potest."

Itaque **Marius** poētam L. Plōtium **amāvit,**
quia Marius putābat
Plōtium labōrēs Mariī suō ingeniō celebrāre posse.

Tier 3

Nēmō est tam āversus ā Mūsīs,
  ut is nōn facile patiātur
    praecōnium aeternum suōrum labōrum mandārī versibus.

Cum quaererent Themistoclem illum, summum virum Athēnīs:
  quod ācroāma libentissimē audīret aut
  cuius vōcem libentissimē audīret,
aiunt
Themistoclem dīxisse:
"**Ego** libentissimē **audiam** vōcem eius,
  quī virtūtem meam optimē praedicāre potest."

Itaque **ille Marius** item poētam, L. Plōtium, **dīlēxit**,
  quia Marius putābat
    ea
      quae gesserat
    posse celebrārī ingeniō Plōtiī.

Verba Ipsa

Neque enim **quisquam est** tam āversus ā Mūsīs,
    quī nōn
        mandārī versibus aeternum suōrum labōrum facile praecōnium
patiātur.

    Themistoclem illum, summum Athēnīs virum, dīxisse
aiunt,
    cum ex eō quaererētur,
        quod ācroāma aut
        cuius vōcem libentissimē audīret:
eius,
    ā quō sua virtūs optimē praedicārētur.

Itaque **ille Marius** item eximiē L. Plōtium **dīlēxit**,
    cuius ingeniō putābat
        ea
            quae gesserat
            posse celebrārī.

Section 21

Archias has written a poem about the Mithridatic war, praising the commander L. Lucullus and the Roman people for a number of commendable actions. Cicero cites this as an example of poets using their talents to celebrate the fame and reputation of Rome.

aperiō, aperīre, aperuī, apertus: uncover, recount

Armenius, –a, –um: Armenian

celebrō (1): celebrate

cōpiae, -ārum f.: pl., troops

Cȳzicēnus, –a, –um: of or from Cyzicus, an Ancient Greek town in Anatolia

dēprimō, –primere, –pressī, –pressus: suppress

dīmicō (1): fight, struggle

efferō, efferre, extulī, ēlātus: lift up, exalt

exprimō, exprimere, expressī, expressus: to express

faux, faucis f.: pl., jaws

ferō, ferre, tulī, lātus: (here) report

fundō, fundere, fūdī, fūsus: vanquish, overthrow

imperō (1): command, rule

impetus, -ūs m.: attack

ingenium, -ī n.: ability, talent

illūstrō (1): bring to light, illuminate

innumerābilis, –e: countless

L. Lucūllus, ī m.: Lucius Licinius Lucullus, 118-56 BCE, Roman general and statesman

Mithridāticum bellum: Mithridatic Wars, 88-63 BCE, against Mithridates, King of Pontus

monumentum, -ī n.: monument, memorial

ops, opis f.: power; (pl.) wealth

Pontus, -ī m.: Pontus, a kingdom in Asia Minor

praedicō (1): proclaim

pugna, -ae f.: battle

rēgius, –a, –um: royal

Tenedos, -ī f.: Tenedos, an island in the Aegean sea and site of a naval battle

triumphus, -ī m.: triumph

tropaeum, -ī n.: trophy

vāllō (1): surround

versor (1): be involved in; (here) be waged

Tier 1

Archiās magnum et difficile Mithridāticum bellum **expressit.**
Librī illūstrant L. Lūcullum et nōmen populī Rōmānī.

Populus Rōmānus cum Lūcullō duce Pontum **aperuit**
et cōpiās Armeniōrum **fūdit.**

Urbs amīcissima cōnsiliō Lūcullī **servāta est.**

Pugna nāvālis apud Tenedum semper **praedicābitur** nostra.

Poētae celebrant:
pugnam nāvālem nostram, fāmam populī Rōmānī, nostra tropaea,
monumenta, et triumphōs.

Tier 2

Magnum et difficile Mithridāticum bellum,
quod in terrā et marī versātum est,
ab Archiā **expressum est.**

Illī librī illūstrant L. Lūcullum et nōmen populī Rōmānī.

Populus Rōmānus cum Lūcullō duce **aperuit** Pontum;
exercitus populī Rōmānī cum Lūcullō duce cōpiās Armeniōrum
fūdit.

Laus populī Rōmānī est
quia urbs amīcissima cōnsiliō Lūcullī servāta est;
pugna nāvālis apud Tenedum semper **praedicābitur** nostra,
postquam ducēs hostium interfectī sunt.

Nostra tropaea, nostra monumenta, et nostrī triumphī ingeniīs
poētīs **efferuntur.**
Poētae fāmam populī Rōmānī **celebrant.**

Tier 3

Mithridāticum bellum,
  quod magnum atque difficile fuit
  et in multā varietāte terrā marīque versātum est,
  ab hōc (Archiā) **expressum est;**

illī librī illūstrant: nōn modo L. Lūcullum, fortissimum et
                clārissimum virum,
                vērum etiam nōmen populī Rōmānī.

Lūcullō imperante, **populus Rōmānus aperuit** Pontum,
  quī rēgiīs opibus et ipsā nātūrā et regiōne vāllātus est;
eōdem duce (Lūcullō), **exercitus** populī Rōmānī innumerābilēs cōpiās
Armeniōrum **fūdit,**
  quamquam Rōmānī nōn maximās manūs habēbant.
Laus populī Rōmānī **est:**
  urbem amīcissimam cōnsiliō Lūcullī servātam esse;
  urbem amīcissimam ex impetū rēgiō atque ex ōre et faucibus bellī ēreptam
  esse.
Pugna incrēdibilis nāvālis apud Tenedum semper **praedicābitur** nostra,
  cum ducēs hostium interfectī sunt et classis hostium dēpressa est:
nostra **sunt tropaea,**
nostra **sunt monumenta,**
nostrī **sunt triumphī.**
Fāma populī Rōmānī **celebrātur** ab eīs poētīs
  quōrum ingeniīs illa (tropaea, monumenta, et triumphōs)
  efferuntur.

Verba Ipsa

Mithridāticum vērō **bellum, magnum** atque **difficile** et in multā varietāte
terrā marīque **versātum**, tōtum ab hōc **expressum est;**

quī librī   nōn modo L. Lūcullum, fortissimum et
                        clārissimum virum,
                        vērum etiam populī Rōmānī nōmen
illūstrant.

Populus enim **Rōmānus aperuit** Lūcullō imperante Pontum,
et rēgiīs quondam opibus et ipsā nātūrā et regiōne vāllātum,
populī Rōmānī **exercitus,** eōdem duce, nōn maximā manū innumerābilīs
(=innumerābilēs) Armeniōrum cōpiās **fūdit;**

populī Rōmānī **laus est**
    urbem amīcissimam Cȳzicēnōrum eiusdem cōnsiliō ex omnī impetū rēgiō
    atque tōtīus bellī ōre ac faucibus ēreptam esse atque servātam.

Nostra semper **ferētur** et **praedicābitur** L. Lūcullō dīmicante,
    cum interfectīs ducibus dēpressa hostium classis est,
incrēdibilis apud Tenedum **pugna illa nāvālis:**
nostra **sunt tropaea,**
nostra **monumenta,**
nostrī **triumphī.**

    Quae quōrum ingeniīs efferuntur,
ab eīs populī Rōmānī **fāma celebrātur.**

Section 22

Cicero contends that when a poet, such as Ennius, celebrates a famous Roman individual, all Roman people are likewise celebrated. Ennius was honored and granted Roman citizenship; therefore Archias should be too.

---

adiungō, -ere, adiūnxī, adiūnctus: add

Āfricānus, -ī, superior, -is m.: Publius Cornelius Scipio Africanus, 235-183 BCE, Roman general in the Second Punic War (*superior* as distinct from later figures with this name).

cārus, -a, -um: dear to (+ dat)

cīvitās, -tātis f.: state, citizenship

cōnstituō, -ere, -stituī, -stitūtus: set up, establish

decorō (1): honor, decorate

ēiciō, ēicere, ēiēcī, ēiectus: throw out

Ennius, -ī m.: Quintus Ennius, 239-169 BCE, Roman epic poet

expetō, -īre, -ivī,-ītus: desire, seek out

Hēracliēnsis, -e: from Heraclea

honōs, honōris m.: honor

laudō (1): praise

laus, laudis f.: praise

maiōrēs, maiōrum m.pl.: ancestors

marmor, -oris n.: marble

Maximī, Mārcellī, Fulviī m.: Roman families honored by Ennius

ōrnō (1): honor

proavus, -ī m.: ancestor

Rudīnus, -a, -um: from Rudiae

sepulcrum, -ī n.: tomb

tollō, tollere, sustulī, sublātus: lift up

Tier 1

Laudēs poētārum **ōrnant**   nōn sōlum magnōs hominēs
                                    sed etiam nōmen populī Rōmānī.

Noster Ennius poēta multōs hominēs **laudāvit.**

Itaque **Ennius** magnum honōrem populī Rōmānī **fēcit**
et omnēs nōs **decorāvit.**

Maiōrēs nostrī Ennium in cīvitātem **recēpērunt;**
nōs Archiam dē nostrā cīvitāte ēicere nōn **dēbēmus.**

Tier 2

Āfricānus superior nostrum poētam Ennium amāvit.

Laudēs poētārum **ōrnant**   nōn sōlum eum hominem
                                      quī laudātur
                             sed etiam nōmen populī Rōmānī.

Ennius Catōnem in caelum **tollit,**
et magnum honōrem populō Rōmānō **adiungit.**

Ennius omnēs Maximōs, Mārcellōs, Fulviōs cum laude omnium
nostrum **decorat.**

Maiōrēs nostrī recēpērunt in cīvitātem Ennium,
    quamquam homō Rudīnus erat;
nōs dē nostrā cīvitāte **ēiciāmus** Archiam
    quī in hāc cīvitāte lēgibus cōnstitūtus est?

Tier 3

Noster Ennius poēta fuit cārus Scīpiōnī Āfricānō superiōrī,
itaque etiam Ennius in sepulcrō Scīpiōnum ex marmore cōnstitūtus
est.

Nōn sōlum ipse
   quī laudātur,
sed etiam nōmen populī Rōmānī laudibus poētārum ōrnātur.

Catō Maior, proavus huius, ab Enniō in caelum tollitur;
magnus honōs rēbus populī Rōmānī adiungitur.

Omnēs illī Maximī, Mārcellī, Fulviī ab Enniō decorantur cum
commūnī laude omnium nostrum.

Ergō maiōrēs nostrī recēpērunt in cīvitātem illum Ennium,
   quī haec fēcerat,
   quamquam homō Rudīnus erat;
nōs dē nostrā cīvitāte ēiciāmus hunc (Archiam)
   quī Hēracliēnsis est, et
   quī multīs cīvitātibus expetītus est, et
   quī in hāc cīvitāte lēgibus cōnstitūtus est?

Verba Ipsa

Cārus fuit Āfricānō superiōrī **noster Ennius,**
itaque etiam in sepulcrō Scīpiōnum **putātur is** esse cōnstitūtus ex
marmore.

At eīs laudibus certē nōn sōlum **ipse**
   quī laudātur,
sed etiam populī Rōmānī **nōmen ōrnātur.**

In caelum huius **proavus Catō tollitur;**
magnus honōs populī Rōmānī rēbus **adiungitur.**

Omnēs dēnique **illī Maximī, Mārcellī, Fulviī,** nōn sine commūnī
omnium nostrum laude **decorantur.**

Ergō illum,
   quī haec fēcerat,
Rudīnum hominem, **maiōrēs nostrī** in cīvitātem **recēpērunt;**
nōs hunc Hēracliēnsem, multīs cīvitātibus expetītum, in hāc autem
lēgibus cōnstitūtum, dē nostrā cīvitāte **ēiciāmus?**

Section 23

Cicero deems Greek literature more productive because it is read more widely than Latin literature, which he argues should be as widespread as Roman conquest. Literature about great Roman deeds can be a motivating factor for those who are fighting for the glory of Rome.

amplus, –a, –um: important, honorable

contineō, -ēre, continuī, contentus: retain, confine

dēfīniō, -īre, dēfīnīvī, dēfīnītus: set bounds, define

dīmicō (1): struggle, fight

eōdem (adv.): to the same place

exiguus, –a, –um: small

ferē (adv.): almost, nearly

fīnis, fīnis m.: border, boundary

frūctus, -ūs m.: benefit

gerō, -ere, gessī, gestus: with *rēs*, accomplish

incitāmentum, –ī n.: incentive, inducement

orbis terrārum: the world

percipiō, -ere, percēpī, perceptus: grasp

perveniō, -īre, pervēnī, perventus: reach, arrive

proptereā quod: especially since

quārē: therefore, on which account

quō: (here) to where

sānē (adv.): truly, certainly

vehementer (adv.): vehemently

versus, -ūs m.: verse, line of poetry

Tier 1

Graeca verba minōrem frūctum nōn habent quam Latīna verba. Nam verba Graeca leguntur in omnibus locīs, sed Latīna verba leguntur in Latīnīs locīs.

Nostra fāma dēbet penetrāre ubi nostrae rēs sunt: in tōtā terrā.

Nam hoc est maximum incitāmentum perīculōrum et glōriae.

Tier 2

Aliquis errat
  sī putat
    Graeca verba minōrem frūctum habēre
    quam Latīna verba.

Nam **verba Graeca leguntur** in omnibus locīs,
sed **Latīna verba** in suīs finibus **leguntur.**

  Sī nostrae rēs in tōtā terrā sunt,
cupere **dēbēmus**
    nostram fāmam penetrāre eōdem.

Nam **hoc est** maximum incitāmentum perīculōrum eīs
  quī dē glōriā dīmicant.

Tier 3

Sī (ali)quis putat
    minōrem frūctum percipī ex Graecīs versibus
      quam ex Latīnīs,
is vehementer **errat.**

Nam **verba Graeca leguntur** in omnibus gentibus,
sed **Latīna verba** suīs exiguīs finibus **continentur.**

Sī nostrae rēs gestae regiōnibus tōtae terrae dēfīniuntur,
cupere **dēbēmus**
    nostram fāmam penetrāre eōdem
      quō nostra tēla pervēnerint.

Nam cum haec ampla sunt ipsīs populīs
    quōrum rēs gestae in versibus sunt,
tum **hoc est** maximum incitāmentum perīculōrum et labōrum eīs,
    quī dē vītā et glōriā dīmicant.

Verba Ipsa

Nam sī quis
  minōrem glōriae frūctum
putat
  ex Graecīs versibus percipī
    quam ex Latīnīs,
vehementer **errat:**
  proptereā quod Graeca leguntur in omnibus ferē gentibus,
  Latīna suīs fīnibus, exiguīs sānē, continentur.

Quārē
  sī rēs eae
    quās gessimus
  orbis terrae regiōnibus dēfīniuntur,
cupere **dēbēmus,**
    quō manuum nostrārum tēla pervēnerint,
  eōdem glōriam fāmamque penetrāre,

  quod
    cum ipsīs populīs
      dē quōrum rēbus scrībitur,
    haec ampla sunt,
  tum eīs certē,
    quī dē vītā glōriae causā dīmicant,
  hoc maximum et perīculōrum incitāmentum est et labōrum.

Section 24

Cicero draws on mythical, historical, and contemporary examples to argue
that poets are pivotal in immortalizing military figures and
accomplishments. He cites precedent of rewarding poets with citizenship.

Achillēs, -is m.: Achilles, ancient Greek
hero of the Trojan War
adaequō (1): make equal with
Alexander, -drī m.: Alexander the Great
approbō (1): express approval, commend
astō, astāre, astitī: stand at
clāmor, -ōris m.: shout, noise
commoveō, -ēre, commōvī, commōtus:
excite, upset, move
contegō, -ere, -tēxī, -tēctus: cover
cōntiō, -ōnis f.: public assembly
dulcēdō, -inis f.: sweetness, delight
exsistō, -sistere, -stitī: exist, appear
Īlias, Īliadis f.: The Iliad

inveniō, -īre, invēnī, inventus: find
laus, laudis f.: praise
obruō, -ere, obruī, obrutus: cover
particeps, participis: participant
praecō, -ōnis m.: herald
rūsticus, -a, -um: rural, simple
scrīptor, -ōris m.: writer
Sīgēum, -ī n.: promontory near Troy,
location of the presumed tomb of
Achilles
Theophanēs -is, Mytilēnaeus, -ī m.: a
historian
tumulus, -ī m.: burial mound

Tier 1

Magnus Alexander multōs scrīptōrēs sēcum **habuit,**
sed **dīxit:**
"**Achillēs** summum scrīptōrem **habuit:** Homērum!"

Sine litterīs dē bellō Trōiānō, **nōmen** Achillis nōn **scīvissēmus.**

Magnus Pompēius cīvitātem **dedit** scrīptōrī.
Fortēs rūsticī mīlitēs approbāvērunt
quia glōriā commōtī sunt.

Tier 2

Magnus Alexander multōs scrīptōrēs rērum suārum sēcum **habuit!**

Atque **Alexander** tamen ad tumulum Achillis **vēnit** et **dīxit:**
"Ō fortūnāte adulēscēns, summum scrīptōrem **invēnistī:** Homērum!"

Nam sine litterīs dē bellō Trōiānō,
īdem tumulus contēxisset et corpus et nōmen Achillis.

Magnus Pompēius,
quī bonam fortūnam et virtūtem habuit,
cīvitātem **dedit** scrīptōrī rērum suārum.

Et **fortēs rūsticī mīlitēs** illud **approbāvērunt**
quia glōriā commōtī sunt
et laudem cupīvērunt.

Tier 3

Magnus ille Alexander dīcitur
sēcum habuisse multōs scrīptōrēs rērum suārum!

Atque **Alexander** tamen,
    cum ad tumulum Achillis vēnisset:
inquit: "Ō fortūnāte adulēscēns, **tū**
    quī Homērum **invēneris** praecōnem tuae virtūtis!"

Et vērē, id **dīxit.**
    Nam nisi Īlias (litterae dē bellō Trōiānō) exstitisset,
īdem tumulus,
    quī corpus Achillis contēxerat,
nōmen Achillis etiam **obruisset.**

Quid? **Noster Magnus Pompēius,**
    quī bonam fortūnam et virtūtem habuit,
nōnne cīvitātem **dedit** Theophanī Mytilēnaeō, scrīptōrī rērum
suārum?

Et **nostrī fortēs virī,**
    quamquam rūsticī ac mīlitēs erant,
dulcēdine glōriae **commōtī,**
quasi participēs laudis,
illud cum magnō clāmōre **approbāvērunt?**

99

Verba Ipsa

Quam multōs scrīptōrēs rērum suārum
magnus ille Alexander
sēcum habuisse
dīcitur!

Atque **is** tamen,
   cum in Sīgēō ad Achillis tumulum astitisset:
"Ō fortūnāte" **inquit** "adulēscēns,
quī tuae virtūtis Homērum praecōnem **invēneris!**"

Et vērē.
   Nam nisi Īlias illa exstitisset,
īdem tumulus,
   quī corpus eius contēxerat,
nōmen etiam **obruisset.**

Quid? **Noster hic Magnus,**
   quī cum virtūte fortūnam adaequāvit,
nōnne Theophanem Mytilēnaeum, scrīptōrem rērum suārum, in
contiōne mīlitum cīvitāte **dōnāvit;**

et **nostrī illī fortēs virī, sed rūsticī ac mīlitēs,**
dulcēdine quādam glōriae **commōtī,**
quasi participēs eiusdem laudis,
magnō illud clāmōre **approbāvērunt?**

Section 25

Cicero argues sarcastically that if Archias were not already a Roman citizen by law, he easily could have obtained it from some general. Sulla, e.g., would have given Archias citizenship, as he rewarded even bad poets for their efforts.

alternus, –a, –um: alternating
cīvitās, -tātis f.: state, citizenship
condiciō, -ōnis f.: condition, agreement
cōntiō, -ōnis f.: assembly
cōpia, -ae f.: abundance
dignus, –a, –um: worthy of (+ abl)
dōnō (1): award someone (acc) with
    something (abl)
dūcō, -ere, dūxī, ductus: (here) believe
epigramma, –atis n.: epigram, short
    poem
expetō, -īre, expetīvī, expetītus: desire,
    seek out
Gallus, -a, -um: from Gaul
Hispānus, -a, -um: Spanish
ingenium, -ī n.: ability, talent

in scribendō: in writing
libellus, -ī m.: little book
longiusculus, –a, –um: rather long
perficiō, -ere, perfēcī, perfectus: bring
    about, accomplish, complete
repudiō (1): refuse
sēdulitas, –tātis f.: diligence, earnestness
subiciō, -ere, subiēcī, subiectus: hand to,
    submit
Sulla, –ae m.: Lucius Cornelius Sulla
    Felix, 138-78 BCE, Roman general and
    statesman
tribuō, -ere, tribuī, tribūtus: bestow
vendō, -ere, vendidī, venditus: sell
versus, -ūs m.: verse, line of poetry

Tier 1

Sī Archiās nōn est cīvis Rōmānus,
imperātor Archiam cīvitāte dōnāre **poterat.**

Sulla Archiam nōn **repudiāvisset.**
Sulla praemium poētae malō **dedit;**
itaque **Sulla** ingenium Archiae **expetīvisset.**

Tier 2

Sī Archiās nōn esset cīvis Rōmānus,
aliquis imperātor Archiam cīvitāte **dōnāret.**

Sulla Hispānōs et Gallōs cīvitāte **dōnāvit;**
itaque Archiam nōn **repudiāvisset.**

Cum malus poēta libellum Sullae dedit,
Sulla statim **iussit**
  praemium poētae malō tribuī,
sed **dīxit**
  malum poētam posteā scrībere nōn dēbēre.

Sulla ingenium Archiae et virtūtem et cōpiam **expetīvisset.**

Tier 3

Sī Archiās nōn esset cīvis Rōmānus lēgibus,
potuisset perficere
ut **is (Archiās)** cīvitāte ab aliquō imperātōre **dōnārētur.**

Sulla
quī Hispānōs et Gallōs cīvitāte dōnāvit,
Archiam nōn **repudiāvisset**
sī Archiās cīvitātem petīvisset.

Cum malus poēta libellum Sullae subiēcisset,
quod epigramma in eum fēcisset,
vīdimus
Sullam statim iubēre
praemium poētae malō tribuī ex eīs rēbus
quās Sulla tunc vendēbat,
sed eā condiciōne,
nē malus poēta aliquid posteā scrīberet.

Sulla dūxerit
sēdulitātem malī poētae dignam esse aliquō praemiō;
ingenium Archiae et virtūtem in scrībendō et cōpiam nōn
expetīvisset?

Verba Ipsa

Itaque –crēdō–
  sī cīvis Rōmānus Archiās lēgibus nōn esset,
  ut ab aliquō imperātōre cīvitāte dōnārētur
perficere nōn **potuit.**

Sulla
  cum Hispānōs dōnāret et Gallōs,
–crēdō– hunc petentem **repudiā(vi)sset.**

Quem nōs in contiōne **vīdimus,**
  cum eī libellum malus poēta dē populō subiēcisset,
    quod epigramma in eum fēcisset, tantum modo alternīs
    versibus longiusculīs,
  statim ex eīs rēbus
    quās tunc vendēbat
  iubēre
    eī praemium tribuī,
  sed eā condiciōne,
    nē quid posteā scrīberet.

Quī
    sēdulitātem malī poētae
  dūxerit
    aliquō tamen praemiō dignam,
  huius ingenium et virtūtem in scrībendō et cōpiam nōn
expetī(vi)sset?

Section 26

Metellus would have granted citizenship to Archias, as Metellus desperately wanted a poet to glorify his accomplishments. Indeed, everyone wants glory and fame, even philosophers who claim otherwise.

contemnō, -ere, contempsī, contemptus: look down on
Corduba, -ae f.: a town in Hispania
dēdō, dēdere, dēdidī, dēditus: devote
dēspiciō, -ere, -spēxī, -spectus: despise
dissimulō (1): disguise, ignore
familiāris, -e: intimate friend
impetrō (1): obtain
īnscrībō, -ere, inscrīpsī, inscrīptus: write in/on
laus, laudis f.: praise
Lūcullī, -ōrum m.: prominent Roman family, patrons of Archias
Metellus, -ī m.: Quintus Caecilius Metellus Pius, praetor in 89 BCE.

nāscor, nāscī, nātus: be born
nōminō (1): name
obscūrō (1): conceal
peregrīnus, -a, -um: foreign, strange
pinguis, pingue: dull, stupid
praedicātiō, -ōnis f.: announcement
praedicō (1): proclaim
praesertim (adv.): especially
sonō, sonāre, sonuī, sonitum: make a sound
studium, -ī n.: study; enthusiasm
trahō, -ere, trāxī, tractus: draw, drag
ūsque eō: to such an extent

Tier 1

Archiās cīvitātem ā Q. Metellō Piō accipere **poterat.**
Metellus cupiēbat poētam dē suīs rēbus scrībere.
Metellus etiam poētās peregrīnōs **audiēbat.**

Nam **glōria et laus** nōs omnēs **dūcunt.**
Philosophī in suīs libellīs nōmen suum īnscrībere **volunt,**
 quamquam in eīs libellīs scrībunt
 glōriam nōn esse bonam.

Tier 2

Archiās cīvitātem ā Q. Metellō Piō accipere **poterat,** aut per sē aut per Lūcullōs,
   quia Metellus cīvitātem multīs hominibus dōnāvit.

Nam **Metellus cupiēbat**
   poētam dē suīs rēbus scrībere.
Metellus audiēbat etiam poētās ex Cordubā,
   quamquam peregrīnī erant.

Hoc obscūrārī nōn **potest,**
nec **hoc dissimulandum est**
sed **hoc** prae nōbīs **ferendum est:**

Nōs omnēs laude **dūcimur,**
et **ille**
   quī optimus est
maximē glōriā **dūcitur.**

Philosophī etiam in suīs libellīs nōmen suum **īnscrībunt**
   quamquam in eīs libellīs scrībunt
      glōriam contemnendam esse.

Quamquam philosophī praedicātiōnem nōbilitātemque
dēspiciunt,
in eō ipsō librō **volunt**
   sē praedicāre ac nōmināre.

Tier 3

Quid?

Archiās cīvitātem nōn **impetrāvisset,** neque per sē neque per
Lūcullōs, ā Q. Metellō Piō,
    quī cīvitātem multīs hominibus dōnāvit?

Metellus sīc **cupiēbat**
    aliquem poētam dē suīs rēbus scrībere,
    ut aurēs suās dēderet etiam poētīs nātīs Cordubae,
        quamquam pingue atque peregrīnum sonārent.

Neque enim **hoc,**
    quod obscūrārī nōn potest,
dissimulandum est
sed prae nōbīs **ferendum est:**

trahimur omnēs studiō laudis,
et **ille**
    quī optimus sit
maximē glōriā **dūcitur.**

Ipsī illī philosophī nōmen suum **īnscrībunt** etiam in eīs libellīs
    quōs dē contemnendā glōriā scrībunt;
    praedicāre ac nōmināre sē
volunt in eō ipsō librō,
    in quō praedicātiōnem nōbilitātemque dēspiciunt.

Verba Ipsa

Quid? Ā Q. Metellō Piō, familiārissimō suō,
   quī cīvitāte multōs dōnāvit,
neque per sē neque per Lūcullōs **impetrāvisset?**

Quī praesertim ūsque eō dē suīs rēbus scrībī **cuperet,**
   ut etiam Cordubae nātīs poētīs, pingue quiddam sonantibus
atque peregrīnum, tamen aurīs (=aurēs) suās dēderet.

Neque enim **est hoc dissimulandum**
   quod obscūrārī nōn potest
sed prae nōbīs **ferendum:**

trahimur omnēs studiō laudis,
   et **optimus quisque** maximē glōriā **dūcitur.**

Ipsī illī philosophī, etiam in eīs libellīs
   quōs dē contemnendā glōriā scrībunt,
nōmen suum **īnscrībunt:**
in eō ipsō,
   in quō praedicātiōnem nōbilitātemque dēspiciunt,
   praedicārī dē sē ac nōminārī
volunt.

Section 27

Cicero gives historical examples of successful Roman military generals magnifying their glory with poetry and honoring the Muses. Therefore, he urges the judges likewise to honor poets and their craft.

abhorreō, -ēre abhoruī: be averse to, differ from (+ ā/ab + abl)

Accius, -ī m.: Lucius Accius, 170-86 BCE, Roman tragedian and poet

aditus, -ūs m.: entry-way

Aetōlus, -a, -um: from Aetolia, a region in Greece

bellō (1): wage war

carmen, carminis n.: poem, song

colō, -ere, coluī, cultus: promote, cultivate; (here) foster, honor

comes, comitis m.: comrade, companion

cōnsecrō (1): consecrate

Decimus Brūtus, -ī m.: Decimus Iunius Brutus Callaicus 180-113 BCE, Roman commander and consul

dēlūbrum, -ī n.: shrine, temple

Ennius, -ī m.: Quintus Ennius, 239-169 BCE, Roman epic poet

exōrnō (1): furnish, embellish

Fulvius, -ī m.: M. Fulvius Nobilior, Roman consul and patron of Ennius

imperātor, imperātōris m.: commander, general

manubiae, -ārum f.: booty, spoils

monumentum, -ī n.: monument, memorial

quārē: therefore, on which account

salūs, salūtis f.: safety

Tier 1

Summī virī Rōmānī sua monumenta carminibus poētārum **exōrnāvērunt,**

et poētās atque Mūsās **coluērunt.**

Itaque nunc in hāc urbe **iūdicēs dēbent** poētās et Mūsās amāre.

Tier 2

Decimus Brūtus sua templa et monumenta carminibus poētae **exōrnāvit.**
Fulvius manubiās Mūsīs **cōnsecrāvit.**

In hāc urbe **imperātōrēs armātī** nōmen poētārum et dēlūbra
Mūsārum **coluērunt,**
Itaque nunc in hāc urbe **iūdicēs** nōn dēbent
    ab Mūsīs et poētīs abhorrēre.

Tier 3

Decimus Brūtus, summus vir et imperātor, templa et monumenta
sua carminibus poētae Accī, amīcissimī suī, **exōrnāvit.**

Iam vērō **Fulvius,**
    quī cum Aetōlīs bellāvit
    et cuius comes erat Ennius poēta,
nōn **dubitāvit**
    manubiās Mārtis Mūsīs cōnsecrāre.

Quārē, in eā urbe
    in quā imperātōrēs armātī nōmen poētārum et dēlūbra Mūsārum
coluērunt,
togātī iūdicēs nōn **dēbent**
    ab honōre Mūsārum et ā salūte poētārum abhorrēre.

110

Verba Ipsa

Decimus quidem **Brūtus, summus vir et imperātor**, Accī,
amīcissimī suī, carminibus templōrum ac monumentōrum aditūs
exōrnāvit suōrum.

Iam vērō **ille**,
    quī cum Aetōlīs Enniō comite bellāvit,
Fulvius, nōn **dubitāvit**
    Mārtis manubiās Mūsīs cōnsecrāre.

Quārē
    in quā urbe imperātōrēs prope armātī poētārum nōmen et
    Mūsārum dēlūbra coluērunt,
    in eā nōn dēbent **togātī iūdicēs**
    ā Mūsārum honōre et ā poētārum salūte **abhorrēre**.

Section 28

Cicero admits that his own love of glory leads him to support Archias, since Archias has started writing verses of epic poetry about Cicero's consulship. Glory and praise, after all, are the motivations to work hard.

adōrnō (1): equip, support

attingō, -ere, attigī, attāctus: touch on, reach; (here) address

cōnfiteor, cōnfitērī, cōnfessus: confess

cōnsulātus, -ūs m.: consulship

curriculum, -ī n.: course

dētrahō, -ere, -trāxī, -tractus: take away from

exerceō, -ēre, exercuī, exercitus: lead, urge on; (here) hurry, whip

fortasse...verum tamen: perhaps... but nevertheless

gerō, gerere, gessī, gestus: with *rēs*, accomplish

honestus, -a, -um: honorable

incohō/inchoō (1): begin

indicō (1): expose

iūcundus, -a, -um: pleasing

libentius (comp. adv.): more freely

mercēs, mercēdis f.: pay, wages

perficiō, -ere, perfēcī, perfectus: bring about, accomplish, complete

praeter: (here) except (+ acc)

salūs, salūtis f.: safety

ūniversus, -a, -um: entire, all

versus, -ūs m.: verse, line of poetry

Tier 1

Cōnfitēbor: "magnum amōrem glōriae habeō."

Archiās versūs scrīpsit dē meīs rēbus gestīs.
Cupiō
    Archiam versūs suōs, magnōs et iūcundōs, perficere.

Virtūs dēsīderat ūnam mercēdem labōrum: laudem et glōriam.
Sine hāc mercēde, cūr nōs exerceāmus in vītā et labōribus?

Tier 2

Nunc dē meō amōre glōriae **cōnfitēbor.**
Hic amor est ācer, sed honestus.

Nam **hic (Archiās)** versūs **scrīpsit** dē eīs rēbus
quās nōs in cōnsulātū nostrō gessimus.

Versūs Archiae **audīvī,**
et **cupīvī**
Archiam versūs suōs perficere,
quia putō
versūs esse magnōs et iūcundōs.

Virtūs dēsīderat ūnam mercēdem labōrum perīculōrumque:
mercēdem laudis et glōriae.

Sine hāc mercēde, cūr **nōs exerceāmus** in hōc brevī curriculō vītae et
in tantīs labōribus?

Tier 3

Atque
  ut id libentius faciātis,
nunc mē vōbīs **indicābō**,
et dē meō amōre glōriae **cōnfitēbor.**
Hic amor fortasse **est** nimis ācer, sed tamen honestus **est.**

Nam **hic (Archiās) attigit** versibus eās rēs
  quās nōs in cōnsulātū nostrō gessimus   prō salūte huius imperī
                                             et prō vītā cīvium
                                             et prō ūniversā rē pūblicā,
atque **inchoāvit.**

Eō tempore
  quō versūs Archiae audīvī,
Archiam ad perficiendum **adōrnāvī**
  quia magna et iūcunda rēs vīsa est mihi.

Virtūs dēsīderat nūllam aliam mercēdem labōrum perīculōrumque
praeter mercēdem laudis et glōriae.

Sine hāc mercēde, cūr **nōs exerceāmus** in hōc exiguō et brevī
curriculō vītae et in tantīs labōribus?

Verba Ipsa

Atque
  ut id libentius faciātis,
  iam mē vōbīs, iūdicēs, **indicābō**,
  et dē meō quōdam amōre glōriae, nimis ācrī fortasse vērum tamen
  honestō vōbīs, **cōnfitēbor**.

Nam
  quās rēs nōs in cōnsulātū nostrō vōbīscum
    simul prō salūte huiusce imperī
    et prō vītā cīvium
    prōque ūniversā rē pūblicā
  gessimus,
attigit hic versibus atque **inchoāvit:**

  quibus audītīs,
    quod mihi magna rēs et iūcunda vīsa est,
  hunc ad perficiendum **adōrnāvī**.

Nūllam enim **virtūs** aliam mercēdem labōrum perīculōrumque
dēsīderat, praeter hanc laudis et glōriae:
  quā quidem dētractā,
iūdicēs, **quid est**
  quod in hōc tam exiguō vītae curriculō et tam brevī tantīs nōs in
  labōribus exerceāmus?

115

Section 29

Cicero argues against the philosophical notion that there is no consciousness before or after one's lifespan. Virtue's drive for everlasting glory after death motivates labor and sacrifice during life.

---

adaequō (1): make equal

admoneō, -ēre, admonuī, admonitus: prompt, suggest

angō, –ere, ānxī, ānctus: vex, cause anguish

circumscrībō, –scrībere, –scrīpsī –scrīptus: limit, circumscribe

cōgitātiō, -ōnis f.: thought

commemorātiō, –ōnis f.: remembrance

concitō (1): incite, arouse

dīmicō (1): struggle, fight

dīmittō, -ere, dīmīsī, dimīssus: dismiss

frangō, -ere, frēgī, frāctus: break

īnsideō, –ēre, –sēdī, –sessus: reside, sit in

posteritās, -tātis f.: posterity

praesentiō, -īre, praesēnsī, praesēnsus: feel beforehand

spatium, -ī n.: length

stimulus, -ī m.: spur, incentive

terminō (1): limit, bound

vigilia, -ae f.: sleepless night

Tier 1

Sī animus ante vītam et post vītam sentīret nihil,
animus labōrēs et cūrās nōn **paterētur.**

Quaedam virtūs animum **concitat:**
Memoria nōminis nostrī in posteritātem esse **dēbet.**

Tier 2

Certē
 sī animus sentīret nihil in posterum,
 et sī animus cōgitātiōnēs termināret eō tempore
  quō vīta terminārētur,
animus labōribus sē nōn **frangeret.**

Nunc **quaedam virtūs** in optimīs hominibus **īnsidet,**
 quae animum concitat.
Nam **memoria** nōminis nostrī cum vītā nōn **dīmittenda est,**
sed cum posteritāte **adaequanda est.**

Tier 3

Certē
  sī animus praesentīret nihil in posterum,
  et sī animus omnēs suās cōgitātiōnēs termināret eīsdem
  regiōnibus
    quibus spatium vītae circumscrīptum est,
animus nec tantīs labōribus sē **frangeret,**
neque tot cūrīs **angerētur,**
nec totiēns **dīmicāret.**

Nunc **quaedam virtūs** in quōque optimō homine **īnsidet,**
  quae animum noctēs ac diēs concitat,
  atque admonet
    commemorātiōnem nōminis nostrī cum vītae tempore nōn
    dīmittendam esse,
    sed cum omnī posteritāte adaequandam esse.

Verba Ipsa

Certē
  sī nihil animus praesentīret in posterum,
  et sī
    quibus regiōnibus vītae spatium circumscrīptum est,
    eīsdem omnīs (=omnēs) cōgitātiōnēs termināret suās;
  nec tantīs sē labōribus **frangeret**,
  neque tot cūrīs vigiliīsque **angerētur**,
  nec totiēns dē ipsā vītā **dīmicāret**.

Nunc **īnsidet quaedam** in optimō quōque **virtūs**
  quae noctēs ac diēs animum glōriae stimulīs concitat,
  atque admonet
    nōn cum vītae tempore esse dīmittendam commemorātiōnem
    nōminis nostrī,
    sed cum omnī posteritāte adaequandam.

Section 30

Those who work hard and face dangers should not think that their accomplishments die when they do. Cicero takes pleasure in the thought that his deeds will be remembered after his death, whether he is conscious of it or not. Just as statues represent and perpetuate physical appearance, literature can represent and perpetuate accomplishments and virtues.

absum, abesse, āfuī, āfutūrus: be away

arbitror (1): judge, think

cōgitātiō, -ōnis f.: reflection

cōnsilium, -ī n.: judgment

dēlectō (1): delight

dissēminō (1): spread

effigiēs, -eī f.: portrait, image

exprimō, -ere, -pressī, -pressus: express

extrēmus, -a, -um: final, at end

imāgō, imāginis f.: likeness, image

ingenium, -ī n.: ability, talent

labor, labōris m.: effort, hardship

memoria, -ae f.: memory

morior, morī, mortuus: die

orbis terrae: the world

ōtiōsus, -a, -um: leisurely

perīculum, -ī n.: danger

pertineō, -ēre, pertinuī, pertentus: relate to, pertain

poliō, -īre, -īvī, -ītus: polish

sapientissimus, -a, -um: wisest

sempiternus, -a, -um: eternal

sēnsus, -ūs m.: perception

simulācrum, -ī n.: likeness

sīve...sīve: either...or

spargō, -ere, sparsī, sparsus: scatter

spatium, -ī n.: length (of life)

spīritum dūcere (idiom): draw a breath

statua, -ae f.: statue

studiōsē (adv.): zealously

tranquillus, -a, -um: calm

versor (1): be involved in

Tier 1

Nōs omnēs parvum animum nōn **habēmus.**
Perīcula et labōrēs **patimur;**
nam nōn **putāmus**
omnia nōbīscum morī.

Multī summī hominēs imāginēs corporum **relīquērunt;**
imāginēs virtūtum relinquere **dēbēmus.**

Cupiō
dissēmināre meās rēs gestās in memoriam sempiternam.

Haec memoria post mortem mēcum **erit?**
Nōn **sciō,**
sed nunc spē **dēlector.**

Tier 2

Nōs omnēs,
  quī perīcula et labōrēs patimur,
parvum animum nōn **habēmus.**

Nam nōn **putāmus**
  nōbīscum simul omnia moritūra esse,
et numquam tranquillum spīritum **habēmus.**

Multī summī hominēs imāginēs corporum **relīquērunt.**

Mālle **dēbēmus**
  relinquere imāginēs virtūtum.

Ego putābam
  mē spargere meās rēs gestās et dissēmināre meās rēs gestās
  in memoriam sempiternam orbis terrae.

Sīve haec memoria post mortem mēcum nōn erit,
  sīve haec memoria post mortem mēcum erit,
nunc cōgitātiōne et spē **dēlector.**

Tier 3

Nōs omnēs,
  quī in hīs perīculīs vītae labōribusque versāmur,
videāmur
    esse tam parvī animī,
      ut arbitrēmur
        nōbīscum simul omnia moritūra esse,
    quamquam ūsque ad extrēmum spatium vītae nūllum
tranquillum spīritum dūxerimus?

Multī summī hominēs statuās et imāginēs corporum (nōn simulācra
animōrum) **relīquērunt.**

Multō mālle **dēbēmus**
  relinquere effigiem cōnsiliōrum ac virtūtum nostrārum,
    quae summīs ingeniīs expressae et polītae sint.

Ego arbitrābar
  mē spargere et dissēmināre meās rēs gestās in memoriam
sempiternam orbis terrae,
    eō tempore
      quō omnia gerēbam.

Sīve haec memoria ā meō sēnsū post mortem āfutūra est,
  sīve haec memoria ad aliquam partem meī pertinēbit,
nunc certē cōgitātiōne et spē **dēlector.**

Verba Ipsa

An vērō tam parvī animī **videāmur** esse omnēs,
  quī in rē pūblicā atque in hīs vītae perīculīs labōribusque
  versāmur,
ut,
    cum ūsque ad extrēmum spatium nūllum tranquillum atque
    ōtiōsum spīritum dūxerimus,
    nōbīscum simul moritūra omnia
    arbitrēmur?

An statuās et imāginēs, nōn animōrum simulācra sed corporum,
studiōsē **multī summī hominēs relīquērunt**;
cōnsiliōrum relinquere ac virtūtum nostrārum effigiem nōnne multō
mālle **dēbēmus**, summīs ingeniīs expressam et polītam?

Ego vērō
  omnia
    quae gerēbam,
    iam tum in gerendō spargere mē ac dissēmināre
arbitrābar
    in orbis terrae memoriam sempiternam.

    Haec vērō sīve ā meō sēnsū post mortem āfutūra est
    sīve
      −ut sapientissimī hominēs putāvērunt−
      ad aliquam meī partem pertinēbit,
    nunc quidem certē cōgitātiōne quādam spēque **dēlector**.

Section 31

Cicero concludes that the judges should save Archias because of his solid case and his great poetic talent that will honor the accomplishments of all Romans. Poets are nearly divine: Archias ought to be lifted up rather than dishonored in this lawsuit.

acerbitās, –tātis f.: harshness
auctōritās, -tātis f.: influence, authority
beneficium, -ī n.: favor, benefit
causa, -ae f.: (in legal context) trial
commendātiō, -ōnis f.:
    recommendation, praise
comprobō (1): confirm, approve
cōnservō (1): spare, save
conveniō, -īre, convēnī, conventus: be
    appropriate
dignitās, -tātis f.: excellence
exīstimō (1): value, esteem
expetō, -ere, expetīvī, expetītus: desire,
    seek out
fidēs, fideī f.: trust, confidence
hūmānitās, -ātis f.: kindness
ingenium, -ī n.: talent, ability
laus, laudis f.: praise
levō (1): raise up, support
Lūcullus, -ī, M. m.: Marcus Terentius
    Varro Lucullus, 116-56 BCE, of the

prominent Roman Luculli family,
    patrons of Archias
Metellus, –ī m.: Quintus Caecilius
    Metellus Pius, praetor in 89 BCE.
mūnicipium, -ī n.: township
ōrnō (1): honor, embellish
perīculum domesticum n.: domestic
    danger (i.e., the Catilinarian conspiracy
    during Cicero's consulship)
profiteor, profitērī, professus: declare
    publicly; (here) promise
pudor, pudōris m.: decency, honor
quārē: therefore, on which account
recēns, -ntis: recent
rēs gestae, f.: accomplishments
sānctus, –a, –um: sacred, holy
tabula, -ae f.: (pl) public records
testimōnium, -ī n.: evidence, testimony
vetustās, -tātis f.: age, length
violō (1): dishonor, outrage

·

125

Tier 1

Iūdicēs, **cōnservāte** Archiam!
Nam **Archiās** bonum pudōrem, bonum ingenium, et bonam causam
habet.

Archiam in vestram fidem accipere **dēbētis.**

Nam **Archiās** vōs et Rōmam semper **ōrnāvit,**
et testimōnium dē nostrīs perīculīs domesticīs **scrībet.**

Poētae sānctī **sunt:**
hūmānitās vestra Archiam servāre **dēbet.**

Tier 2

Cōnservāte, iūdicēs, Archiam.

Nam **Archiās est** homo
pudōre,
 quem dignitāte et vetustāte suōrum amīcōrum comprobātur;
ingeniō,
 quod ab summīs hominibus cupitur;
et causā,
 quae lēgibus, auctōritāte, et testimōniō comprobātur.

Quia tantum ingenium commendātiōnem hūmānam et dīvīnam
habēre dēbet,
petimus ā vōbīs, iūdicēs,
 ut in vestram fidem accipiātis Archiam.
Nam Archiās vōs, vestrōs imperātōrēs, et rēs gestās populī Rōmānī
semper **ōrnāvit**.

Archiās **dīcit**
 sē aeternum testimōnium dē nostrīs recentibus perīculīs
 domesticīs datūrum esse.
Nam Archiās poēta **est**,
et poētae semper sānctī **dīcuntur**.

Hūmānitās vestra Archiam levāre **dēbet**;
acerbitās Archiam violāre nōn **dēbet**.

Tier 3

Quārē **cōnservāte**, iūdicēs, Archiam: hominem pudōre eō,
  quem nōn sōlum dignitāte sed etiam vetustāte suōrum amīcōrum
  vidētis comprobārī;
ingeniō autem tantō
  quantum potest exīstimārī id,
    quod ingeniīs summōrum hominum cupītum esse videātis;
et causā,
  quae beneficiō lēgis, auctōritāte mūnicipī, testimōniō Lūcullī,
  tabulīs Metellī comprobētur.

Quae cum ita sint,
petimus ā vōbīs, iūdicēs,
    sī (ali)qua commendātiō nōn sōlum hūmāna, sed etiam dīvīna in
    tantīs ingeniīs dēbet esse,
  ut in vestram fidem accipiātis Archiam,
    quī vōs semper ōrnāvit,
    quī vestrōs imperātōrēs semper ōrnāvit,
    quī rēs gestās populī Rōmānī semper ōrnāvit,
    quī profitētur
      sē aeternum testimōnium laudis datūrum esse hīs recentibus
      nostrīs vestrīsque domesticīs perīculīs
    estque ex eō numerō
      quī semper omnēs sānctī dīcuntur,
  sīc,
    ut Archiās videātur   lēvātus esse hūmānitāte vestrā
                         potius quam violātus esse acerbitāte.

Verba Ipsa

Quārē **cōnservāte**, iūdicēs, hominem pudōre eō,
  quem amīcōrum vidētis comprobārī   cum dignitāte
                                       tum etiam vetustāte;
ingeniō autem tantō
  quantum id convenit exīstimārī,
    quod summōrum hominum ingeniīs expetītum esse videātis;
causā vērō eius modī,
  quae beneficiō lēgis, auctōritāte mūnicipī, testimōniō Lūcullī, tabulīs
Metellī comprobētur.

Quae cum ita sint,
petimus ā vōbīs, iūdicēs,
  sī qua nōn modo hūmāna, vērum etiam dīvīna in tantīs ingeniīs
  commendātiō dēbet esse,
  ut eum
    quī vōs,
    quī vestrōs imperātōrēs,
    quī populī Rōmānī rēs gestās semper ōrnāvit,
    quī etiam hīs recentibus nostrīs vestrīsque domesticīs perīculīs
      aeternum sē testimōnium laudis datūrum esse
  profitētur,
  estque ex eō numerō
    quī semper apud omnīs (=omnēs) sānctī sunt habitī itaque dictī,
  sīc in vestram accipiātis fidem,
    ut hūmānitāte vestrā levātus
      potius quam acerbitāte violātus esse
  videātur.

Section 32

Cicero hopes that what he has said today will be well received: both his brief comments about the legal case and his broader, less typically forensic statements about the value of poetry and Archias' talent.

---

aliēnus, –a, –um: foreign, unrelated

causa, -ae f.: (in legal context) trial

commūniter (adv.): all together

cōnfīdō, -ere, cōnfīsus: trust

cōnsuētūdō, -dinis f.: habit, custom, norm

exerceō, -ēre, exercuī, exercitus: lead, urge on; (here) preside over

ingenium, -ī n.: ability, talent

iūdiciālis, -e: relating to the law courts, judicial

iūdicium, -ī n.: judgment; (here) trial

probō (1): approve

Tier 1

Multa dē causā et dē ingeniō Archiae dīxī.

Spērō
> ea probāta esse omnibus
> et ea accepta esse ā vōbīs.

Tier 2

Multa dē causā **dīxī.**
Cōnfīdō
ea probāta esse omnibus.

Multa dē ingeniō Archiae **locūtus sum.**
Ea remōta sunt ā meā iūdiciālīque cōnsuētūdine.

Iūdicēs, **spērō**
ea accepta esse ā vōbīs.

Sciō
ea accepta esse ab eō
quī iūdicium exercet.

Tier 3

Cōnfīdō

ea

quae dē causā prō meā cōnsuētūdine breviter dīxī,

probāta esse omnibus.

Iūdicēs, ā vōbīs **spērō**

ea

quae ā forō et ā cōnsuētūdine iūdiciālī aliēna sunt,

et dē ingeniō Archiae et commūniter dē studiō Archiae locūtus

sum,

accepta esse in bonam partem.

Certō **sciō**

ea accepta esse ab eō

quī iūdicium exercet.

Verba Ipsa

Quae dē causā prō meā cōnsuētūdine breviter simpliciterque
dīxī, iūdicēs,

ea

cōnfīdō

probāta esse omnibus.

Quae ā forō aliēna iūdiciālīque cōnsuētūdine,
et dē hominis ingeniō et commūniter dē ipsō studiō locūtus
sum,

ea,

iūdicēs, ā vōbīs **spērō**

esse in bonam partem accepta;

ab eō

quī iūdicium exercet,

certō **sciō.**

GLOSSARY

–ne: (added to the first word of a question); whether

–que: and; both…and

ā/ab (prep. + abl): away from; by

abdō, –ere, –didī, –ditus: remove

abhorreō, –ēre, abhoruī: be averse to; differ from (+ ā + ābl)

abstrahō, –trahere, –trāxī, –tractus: drag away

absum, abesse, āfuī, āfutūrus: be away

ac: and, as well even; in comparison: as, than

accēdō, –ere, –cessī, –cessus: approach, reach, be added

accipiō, –ere, –cēpī, –ceptus: receive; accept; hear (of), learn (of)

accommodātus, –a, –um: suitable for, appropriate to (+ dat)

accūrātē (adv.): carefully, elaborately

accūrātus, –a, –um: carefully wrought, elaborate, finished, exact

ācer, ācris, ācre: sharp, keen; fierce

acerbitās, –tātis f.: harshness

acroāma, –atis n.: musical or recitation entertainment

acuō, –ere, –uī, –ūtus: sharpen

ad (prep. + acc): toward, to; for the purpose or benefit of

adaequō (1): make equal (with)

adeō, –īre, –iī, –itus: take possession; approach

adficiō, –ere, –fēcī, –fectus: (here) grace with, bestow upon

adfluens, –ntis: rich (with) (+ abl)

adfluō, –ere, –flūxī, –flūxus: flow together; gather, assemble

adhibeō, –ēre, –hibuī, –hibitus: offer

aditus, –ūs m.: entry-way; approach

adiungō, –ere, –iūnxī, –iūnctus: add, apply to

adiuvō, –āre, adiūvī, adiūtus: help, be profitable

administrō (1): to administer, manage, direct; assist; conduct

admīrātiō, –iōnis f.: admiration

admīror (1): admire, respect

admoneō, –ēre, –monuī, –monitus: prompt, suggest

adōrnō (1): equip, support

adscīscō, –ere, –scīvī, –scītus: call to one's aid; ally; adopt (> adsciō)

adservō (1): to keep, administer

adsum, –esse, –fuī, –futūrus: to be near or by; to be present, at hand

adulēscēns, –centis m.: youth; young person

adulēscentia, –ae f.: youth

adventus, –ūs m.: arrival; approach

adversus, –a, –um: facing, opposite; opposed, adverse to; unfavorable

aequus, –a, –um: equal, equivalent

aerārium, –ī n.: treasury

aetās, aetātis f.: age, lifetime

aeternus, –a, –um: everlasting, eternal

afferō, –ferre, –tulī, –lātus: bring to; report; cause

afficiō, –ficere, –fēcī, –fectus: affect; move, influence; cause, afflict

agō, agere, ēgī, āctus: drive, lead; do; act

agrestis, –e: rustic, unsophisticated

āiō, ais, ait, āiunt (defective): say, assert; affirm; prescribe (law)

aliēnus, –a, –um: foreign, unrelated

aliquandō: sometime (or other), at any time, ever; finally; at length

aliquis, aliquid (indef. pron.): someone, something; anyone

aliquī, aliqua, aliquod: some, any

alius, alia, aliud: other, another

alter, altera, alterum: the other

alternus, –a, –um: one after the other, in turn

alveolus, –ī m.: game board

amīcus, –a, –um: friendly (+ dat)

amor, amōris m.: love

amplus, –a, –um: important, honorable; great, spacious

an: (conj. in a double question) or, whether, if

angō, –ere, ānxī, ānctus: vex, cause anguish

animus, –ī m.: soul, mind

annus, annī m.: year

ante: before, earlier, previously; in front of (+ acc)

antecellō, –ere: surpass; distinguish oneself

aperiō, aperīre, aperuī, apertus: uncover, recount

appellō (1): call, address

approbō (1): express approval, commend

apud (prep. + acc): at, near; at the house of, in the presence of, among

arbitror (1): judge, think

Archiās, Archiae Licinius, –ī m.: Aulus Licinius Archias, 120–61
BCE, Greek poet with Roman citizenship; the subject of this trial

argūmentum, –ī n.: proof, argument

armātus, –a, –um: armed

Armenius, –a, –um: Armenian

ars, artis f.: skill, art; talent; guile, trick

ars dīcendī: the art of public speaking; oratory

artifex, artificis m.: craftsman; *scaenicus artifex* actor

ascīscō, –ere, –scīvī, –scītus: adopt, enroll as citizen

ascrībō, –ere, ascrīpsī, ascrīptus: enroll as citizen

aspectus, –ūs m.: sight

astō, astāre, astitī: stand at (+ ad + acc)

at: but, but indeed

atque/ac: and; (after comparatives) than

attendō, –ere, attendī, attentus: pay attention to

attingō, –ere, attigī, attāctus: touch on, reach; (here) address

auctōritās, –tātis f.: influence, authority, prestige, legitimacy

audiō, audīre, audīvī, audītus: to hear, listen to

auris, auris f.: ear

aut: or

autem: however; moreover

āversus, –a, –um: opposed to, turned away

āvocō (1): call away

barbaria, –ae f.: brutality

bellō (1): wage war

bellum, bellī n.: war

beneficium, -ī n.: favor, benefit, privilege

benignitās, –tātis f.: kindness

bestia, –ae f.: wild beast, creature

bonus, –a, –um: good

brevis, breve: short, brief

caelum, -ī n.: sky, heaven; weather, climate

calamitās, -tātis f.: misfortune, disaster

cantus, –ūs m.: singing, poem

carmen, carminis n.: poem, song

cārus, –a, –um: dear to (+ dat)

causa, -ae f.: (in legal context) trial; for the sake of (+ gen)

celeber, celebris, celebre: famous; distinguished; notorious

celebritās, –tātis f.: renown

celebrō (1): celebrate, honor

celeritās, -tātis f.: quickness

celeriter, celeries, celerrime (adv.): swiftly

cēnseō, cēnsēre, cēnsuī, cēnsus: count, assess

cēnsor, -ōris m.: censor, a magistrate

cēnsus, –ūs m.: census

certus, –a, –um: sure, certain, reliable; determined; particular

cēterus, –a, –um: the other, remainder, rest (of), remaining part (of)

circumscrībō, –scrībere, –scrīpsī –scrīptus: limit, circumscribe

cīvis, cīvis m./f.: citizen

cīvitās, -tātis, f.: state, citizenship

clāmor, -ōris m.: shout, noise

clārus, –a, –um: bright, clear; famous, distinguished

classis, classis f.: class/division of Romans; fleet; group

coepī, coepisse, coeptus (defective): begin

cōgitātiō, -ōnis f.: reflection, thought, opinion

cōgitō (1): to think; ponder

cognātiō, –ōnis f.: bond, fetter

cognitiō, –ōnis f.: acquaintance

collēgium, -ī n.: guild, board

collocō (1): place, settle

colō, -ere, coluī, cultus: promote, cultivate; foster, honor

comes, comitis m.: comrade, companion

commemorātiō, -ōnis f.: remembrance

commendātiō, -ōnis f.: recommendation, praise

commendō (1): entrust with

commodum, -ī n.: benefit

commoveō, -ēre, commōvī, commōtus: excite, upset, move

commūnis, -e: common, joint, public; universal; ordinary

commūniter (adv.): all together

commūtō (1): change, alter

comprobō (1): confirm, approve

concēdō, -ere, concessī, concessus: allow, grant

conciliō (1): win over, obtain

concitō (1): incite, arouse

concursus, -ūs m.: crowd

condiciō, -ōnis f.: condition, agreement

cōnferō, cōnferre, cōntulī, cōllātus: collect, bring together; dedicate, direct

cōnfīdō, -ere, cōnfīsus: trust

cōnfirmō (1): to strengthen, develop; reassure; secure

cōnfiteor, cōnfitērī, cōnfessus: confess

cōnfōrmātiō, –ōnis f.: formation through education

cōnfōrmō (1): conform, shape

conquiēscō, –quiēscere, –quiēvī, –quiētus: rest, repose, be idle

cōnsecrō (1): to consecrate, deify

cōnservō (1): spare, save

cōnsilium, –ī n.: judgment; deliberation; plan, advice

cōnsistō, –ere, cōnstitī, cōnstitus: stand still, halt; take position

cōnstituō, –ere, cōnstituī, cōnstitūtus: set up, establish

cōnstō, cōnstāre, cōnstitī, constātus: be based on, consist of

cōnsuētūdō, –inis f.: habit, custom, norm; intimacy

cōnsulātus, –ūs m.: consulship

contegō, –ere, –tēxī, –tēctus: cover

contemnō, –ere, contempsī, contemptus: look down on; despise

contendō, –ere, contendī, contentus: assert; compete, dispute

contentiō, –ōnis f.: struggle

continēns, –ntis: self-restrained, limiting

contineō, –ēre, –tinuī, –tentus: hold together; retain, confine

cōntiō, –ōnis f.: public assembly

conveniō, –īre, –vēnī, –ventus: be appropriate; come together; meet

conventus, –ūs m.: gathering, assembly, court

convīcium, –ī n.: clamor, abuse

convīvium tempestīvum, -ī n.: a banquet

cōpia, -ae f.: abundance; (in pl.) troops, forces

cōpiōsus, -a, -um: rich, abundant

corpus, corporis n.: body

corrumpō, -ere, -rūpī, -ruptus: spoil, ruin, corrupt; falsify

cotīdiānus, -a, -um: daily

cotīdiē (adv.): daily

crēdō, -ere, crēdidī, crēditus: trust, believe, entrust to (+ dat)

crēscō, -ere, crēvī, crētus: arise; grow (up); thrive, increase

crīminor (1): charge, accuse

cruciātus, -ūs m.: torture

cum: with (prep. + abl); when, since, although (conjunction + subj.)

cūnctus, -a, -um: all, entire

cupiō, cupere, cupīvī, cupītus: want, wish, desire

cūr: why

cūra, -ae f.: care, concern, anxiety

curriculum, -ī n.: course

damnātiō, -ōnis f.: condemnation

dē (prep. + abl): about; concerning; down from

dēcēdō, -ere, dēcessī, dēcessus: go away

decorō (1): honor, decorate

dēdicō (1): declare, dedicate

dēdō, dēdere, dēdidī, dēditus: devote, be devoted to; give up

dēfendō, –ere, dēfendī, dēfēnsus: defend, protect

dēferō, –ferre, –tulī, –lātus: offer

dēfessus, –a, –um: tired

dēfīniō, –īre, dēfīnīvī, dēfīnītus: set bounds, define

dēlectātiō, –ōnis f.: pleasure, delight

dēlectō (1): delight

dēlūbrum, –ī n.: shrine, temple

dēnique (adv.): finally, in the end

dēprāvō (1): pervert, seduce, corrupt

dēprimō, –primere, –pressī, –pressus: suppress

dēsīderō (1): desire, want

dēspiciō, –ere, –spēxī, –spectus: look down on, despise; disparage

dēsum, dēesse, dēfuī: fail, neglect

dētrahō, –ere, –trāxī, –tractus: take away from

deus, deī m.: god

dēvinciō, –īre, –vinxī, –vinctus: bind

dīcō, dīcere, dīxī, dictus: say, name, designate

diēs, diēī m./f.: day

difficilis, -e: difficult

dignitās, -tātis f.: excellence

dignus, –a, –um: worthy of (+ abl)

dīligēns, –ntis: diligent, careful

dīligenter (adv.): diligently, carefully

dīligentia, –ae f.: carefulness, attentiveness

dīligō, dīligere, dīlēxī, dīlēctus: love, esteem

dīmicātiō, –ōnis f.: a struggle

dīmicō (1): struggle, fight

dīmittō, -ere, dīmīsī, dimīssus: dismiss

disciplīna, –ae f.: training, method

dissēminō (1): spread

dissimulō (1): disguise, ignore

dīvīnus, –a, –um: divine

dō, dare, dedī, datus: give

doctrīna, –ae f.: teaching, learning

doctus, –a, –um: learned

domesticus, –a, –um: local, pertaining to the house

domicilium, –ī n.: residence

domus, domī/domūs f.: house, home

dōnō (1): award/grant someone (acc) with something (abl)

donum, –ī n.: gift

dubitō (1): doubt, hesitate

dūcō, -ere, dūxī, ductus: lead; consider, believe

dulcēdō, –inis f.: sweetness, delight

dūrus, –a, –um: harsh, hard

dux, ducis m.: leader, general

ē/ex (prep. + abl): out of, from

efferō, –ferre, extulī, ēlātus: raise, lift up, exalt

effigiēs, –eī f.: portrait, image

ēiciō, ēicere, ēiēcī, ēiectus: throw out

ēiusmodī: of this sort, of such a kind

enim: in fact, for, indeed

eō (adv.): there, to that place

eōdem (adv.): to the same place

epigramma, –atis n.: epigram, a short poem

ergō: therefore; well, then

ēripiō, –ere, ēripuī, ēreptus: tear away, snatch

errō (1): wander, err, make a mistake

ērudiō, –īre, ērudiī, ērudītus: instruct

ērudītus, –a, –um: learned, clever, educated

etenim: and indeed, for in fact

etiam: also; even

ex tempore (idiom): spontaneously, improvised

excēdō, –ere, excessī, excessus: pass, go beyond, go out of

excellēns, –entis: surpassing, excellent

excitō (1): wake up, incite, arouse

excolō, –ere, –uī, –cultus: cultivate

exemplum, –ī n.: example, lesson

exerceō, –ēre, exercuī, exercitus: lead, urge on; practice

exercitātiō, –ōnis f.: training, exercise

exercitātiō dīcendī: rhetorical training

exercitus, exercitūs m.: army

exiguus, –a, –um: small, slight

exilium, –ī n.: exile, banishment

eximiē (adv.): exceptionally

eximius, –a, –um: exceptional

exīstimō (1): value, esteem

exōrnō (1): furnish, embellish

expetō, –ere, expetīvī, expetītus: desire, seek out

exprimō, –ere, expressī, expressus: form, represent; express

exsistō, –sistere, –stitī: emerge, arise, stand out; exist, appear

exspectātiō, –ōnis f.: expectation, awaiting

exstō, exstāre, exstitī: stand out

exter, extera, exterum: outer, external; foreign, strange

extrēmus, –a, –um: final, at end

facilis, -e: easy

faciō, facere, fēcī, factus: do, make, accomplish

facultās, -tātis f.: ability, skill

fāma, -ae f.: reputation, fame; rumor

familiāris, -e: intimate friend

fateor, fatērī, fassus: confess, admit

faux, faucis f.: pl., jaws

faveō, favēre, fāvī, fautus: favor (+ dat)

ferē (adv.): almost, nearly

ferō, ferre, tulī, lātus: carry, bring; report

ferre lēgem: propose a law

fēstus diēs, m.: holiday

fidēs, -eī f.: trust, trustworthiness, confidence

fīlius, fīliī m.: son

fīnis, fīnis m.: border, boundary

flāgitō (1): demand

flectō, flectere, flēxī, flexus: bow

foederātus, -a, -um: confederated; allied (**foederātī cīvitātēs,** states
in allegiance to Rome)

foedus, foederis n.: treaty

fōns, fontis m.: source

forēnsis, -e: of the forum; oratorical

forīs (adv.): abroad

fortasse (adv.): perhaps

fortasse…verum tamen: perhaps… but nevertheless

forte (adv.): by chance

fortis, forte: brave, strong

fortūna, -ae f.: fortune, fate

fortūnātus, -a, -um: lucky, fortunate, successful

forum, forī n.: public square, marketplace, court

frangō, -ere, frēgī, frāctus: break

frequentia, -ae f.: crowd, throng

frūctus, -ūs m.: profit, reward, benefit

fundō, fundere, fūdī, fūsus: vanquish, overthrow

gēns, gentis f.: family, clan

genus, generis n.: kind, sort; type

gerō, gerere, gessī, gestus: (here) accomplish (esp. with *rēs*)

glōria, glōriae f.: glory, renown

Graecia, -ae f.: Greece

Graecus, -a, -um: Greek

grātia, -ae f.: favor, love; (+ gen) on account of

grātuitō (adv.): for free

gravis, -e: distinguished; grave

gustō (1): taste

habeō, habēre, habuī, habitus: have, hold; consider

habitus, -ūs m.: character

hauriō, -īre, hausī, haustus: draw in

Hēraclēa, -ae f.: the Italian city of Heraclea

Hēracliēnsis, -e: from Heraclea

hērēditās, -tātis f.: inheritance

hīc (adv.): here

hic, haec, hoc: this, these

Hispānus, -a, -um: Spanish

homō, hominis m.: human being, man

honestās, -ātis f.: honor, reputation, character, respectability

honestus, -a, -um: honorable

honōs, honōris m.: honor

hortātus, -ūs m.: encouragement, exhortation

hospitium, -ī n.: hospitality

hostis, hostis m./f.: (public) enemy

hūmānitās, -tātis f.: human culture, civilization; character; kindness

hūmānus, -a, -um: civilized, refined

humilis, -e: humble

iaceō, iacēre, iacuī: lie, lie down

iam (adv.): now; already

ibi (adv.): there, then

īdem, eadem, idem: same

igitur: therefore

ille, illa, illud: that, those

illūstris, -e: brilliant, distinguished

illūstrō (1): bring to light, illuminate

imāgō, -inis f.: likeness, image; death mask

imitor (1): imitate

immānis, -e: huge, monstrous

immō vērō: surely on the contrary

impediō, -īre, -īvī, impedītus: hinder

imperātor, imperātōris m.: commander, general

imperium, -ī n.: command, power

imperō (1): command, rule

impertiō, -īre: bestow

impetrō (1): obtain

impetus, -ūs m.: attack

imprīmīs (adv.): especially, chiefly

in (prep.): in, on (+ abl); into, onto (+ acc)

incendō, -ere, incendī, incensus: set fire, burn

incitāmentum, –ī n.: incentive, inducement

incohō/inchoō (1): begin

incolumis, -e: safe, unprosecuted

incrēdibilis, -e: incredible

inde (adv.): from that place, from there, from that time

indicō (1): expose

īnfirmō (1): disprove, refute

īnfitior (1): deny

īnflō (1): swell, inspire

īnfōrmō (1): forge, mold, shape

ingenium, -ī n.: ability, talent

ingredior, ingredī, ingressus: begin

innumerābilis, –e: countless

inquam, inquis, inquit, inquiunt (defective): say

īnscrībō, -ere, īnscrīpsī, īnscrīptus: write in/on

īnsideō, –ēre, –sēdī, –sessus: reside, sit in

īnstituō, īnstituere, īnstituī, īnstitūtus: educate, set up

integer, -gra, -grum: reliable, uninjured

inter (prep. + acc): between, among; during

intereō, –īre, –iī, –itus: perish, be ruined

interficiō, interficere, interfēcī, interfectus: kill

interim (adv.): meanwhile, at the same time, however, nevertheless

intersum, –esse, –fuī: be present; differ; be of interest

intervāllum, –ī n.: interval of time

intueor, intuērī, intuitus: look at

inūsitātus, –a, –um: unusual

inveniō, -īre, invēnī, inventus: find

ipse, ipsa, ipsum: himself, herself, itself (intensive)

irrēpō, –ere, irrēpsī: creep in

is, ea, id: he, she, it; that

iste, ista, istud: this (often pejorative)

ita: in this way, so, thus, so

Ītalia, -ae f.: Italy

Ītalus (Ītalicus), –a, –um: from Italy

itaque: and so, therefore

item (adv.): similarly

iubeō, iubēre, iussī, iussus: order, command

iūcundus, –a, –um: pleasing to, friends with; delightful (+ dat)

iūdex, iūdicis m.: judge

iūdicābilis, –e: judicial, befitting a judge

iūdiciālis, –e: relating to the law courts, judicial

iūdicium, –ī n.: judgment, opinion; trial

iūdicō (1): judge, conclude, decide, declare

iūre: (here) rightfully

iūs iurandum: sworth oath

iūs, iūris n.: law, right

labor, labōris m.: effort, hardship; work, accomplishment

largior, –īrī, –ītus: grant, bestow

Latīnus, –a, –um: from Latium; Latin

Latium, –ī n.: the region around Rome

laudō (1): praise

laus, laudis f.: praise

lēctus, –a, –um: chosen, gathered, collected

lēgātus, lēgātī m.: lieutenant; envoy

legō, legere, lēgī, lēctus: choose, read, collect

levis, –e: light; trivial, frivolous

levitās, –tātis f.: frivolity

levō (1): raise up, support

lēx, lēgis f: law

libellus, –ī m.: little book

libenter (adv.): willingly, gladly, with pleasure

libentissimē (superl. adv.): most gladly

libentius (comp. adv.): more freely

liber, librī m.: book

līberālis, –e: liberal, cultured; noble, gracious

lībere (adv.): freely

littera, -ae f.: letter; literature

litterātus, -a, -um: cultured, versed in literature

litūra, -ae f.: erasure, smearing

locus, locī m. (loca, locōrum, n. pl.): place, region

longiusculus, -a, -um: rather long

longus, longa, longum: long, far

loquor, loquī, locūtus: speak

lūdus, -ī m.: game

lūmen, lūminis n: light

lūx, lūcis f.: light; daylight

magis (adv.): more

magnopere (adv.): greatly

magnus, -a, -um: great

maiōrēs, maiōrum m.pl.: ancestors

mālō, mālle, māluī: prefer

malus, -a, -um: bad, evil

mandātum, -ī n.: commission, order

mandō (1): commit, entrust

manubiae, -ārum f.: booty, spoils

manus, manūs f.: hand; band of men

mare, maris n.: sea

marmor, −oris n.: marble

mediocris, -e: middling

mediocriter (adv.): moderately

memoria, -ae f.: memory

mēns, mentis f.: mind

mercēs, mercēdis f.: pay, wages

mīles, mīlitis m.: soldier

mīror (1): wonder/marvel at

mīrus, −a, −um: strange, wondrous

moderātus, −a, −um: restrained, temperate

modestus, −a, −um: restrained, modest

modo: even; only, just now, just

modus, -ī m.: manner, way, measure, style

molestus, −a, −um: annoying, troublesome

monumentum, -ī n.: monument, memorial

morior, morī, mortuus: die

mors, mortis f.: death

mōtus, −ūs m.: movement

moveō, movēre, mōvī, mōtus: move

multus, multa, multum: much, many; *multō*, by far

mūnicipium, -ī n.: town

mūnus, mūneris n.: gift, duty

Mūsa, –ae f.: Muses; poetry

nam: for, indeed, really

nancīscor, nancīscī, nactus: obtain

nāscor, nāscī, nātus: be born

nātūra, -ae f.: innate nature

nāvālis, –e: naval, pertaining to ships

nē: not; that ... not; that, lest, that not;

nē...quidem (adv.): not even

nec: nor; and not; *nec...nec*: neither...nor

neglegentius (adv.): carelessly

neglegō, -ere, neglēxī, neglectus: disregard, ignore, neglect

negō (1): deny, refuse

neque: and not, nor; *neque...neque*: neither...nor

nesciōquid: "something indescribable"

nihil, n. (indecl.): nothing; not at all

nimis: very much, exceedingly

nisi: if not; unless

nōbilis, -e: well-known, illustrious

nōbilitās, -tātis f.: fame, nobility

nōlō, nōlle, nōluī: be unwilling, not want to

nōmen, nōminis n.: name

nōminō (1): name

nōn: not

nōnne: introduces a direct question expecting "yes"

noster, nostra, nostrum: our, ours

nōtus, −a, −um: noted, well-known

novus, −a, −um: new

nox, noctis f.: night

nūllus, nūlla, nūllum: not any, no one

numerus, −ī m.: number, amount

numquam (adv.): never

nunc (adv.): now

nūper (adv.): recently

obeō, obīre, obiī/obīvī, obitus: go to, attend

obiciō, −ere, obiēcī, obiectus: throw

oblectō (1): amuse, delight

obruō, −ere, obruī, obrutus: cover

obscūrō (1): conceal

obscūrus, −a, −um: little-known

obtineō, −ēre, −tinuī, −tentus: possess, occupy; acquire, bring to pass

olim (adv.): once, formerly

omnīnō (adv.): entirely

omnis, omne: all, every

opīnor (1): suppose

opitulor (1): help, bring aid

oppidum, -ī n.: town

ops, opis f.: power; (pl.) wealth

ōrātiō, -ōnis f.: speech; (here) public speaking

orbis, orbis m. + terrārum: the world

ōrnō (1): honor, extol, embellish

ōs, ōris n.: mouth, face

ostendō, -ere, ostendī: show, reveal, point out

ōtiōsus, -a, -um: leisurely

ōtium, -ī n.: leisure

pars, partis f.: part, portion

particeps, participis: participant

parvus, parva, parvum: small

pater, patris m.: father, ancestor

patior, patī, passus: allow, permit; endure

paulō (adv.): slightly, a little

penetrō (1): go into, penetrate

penitus (adv.): entirely

per (prep. + acc): through

percipiō, -ere, percēpī, perceptus: take in, grasp

peregrīnor (1): travel abroad

peregrīnus, -a, -um: foreign, strange

perficiō, -ere, perfēcī, perfectus: bring about, accomplish, complete

perfugium, -ī n.: shelter

perīculum, -ī n.: danger

permultus, -a, -um: very many

pernoctō (1): spend the night

persequor, persequī, persecūtus: pursue

persōna, -ae f.: role, style

pertineō, -ēre, pertinuī, pertentus: relate to, pertain to

perveniō, -īre, pervēnī, perventus: reach, arrive at

petō, petere, petīvī, petītus: seek, go towards, aim at

philosophus, -ī m.: philosopher

pila, -ae f.: playing-ball

pinguis, pingue: dull, stupid

plēnus, -a, -um: full

poēta, -ae m.: poet

poliō, -īre, -īvī, -ītus: polish

populus, -ī m.: people, nation

possum, posse, potuī: be able

post (adv. and prep. + acc): after

posteā (adv.): afterwards

posteritās, -tātis, f: posterity

posterus, postera, posterum: next

potius: rather, more

prae (adv. and prep. + acc): before, in front of

praebeō, -ēre, praebuī, praebitus: present, offer, allow

praeceptum, -ī n: teaching, lesson

praeclārus, -a, -um: splendid, famous, clear

praecō, -ōnis m.: herald

praecōnium, -ī n.: publication, commendation

praedicātiō, -ōnis f.: announcement

praedicō (1): proclaim

praeditus, -a, -um: endowed

praemium, -ī n.: reward

praesentiō, -īre, praesēnsī, praesēnsus: feel beforehand

praesertim (adv.): especially

praeter (prep. + acc): beyond; except

praetereā: besides, thereafter, in addition

praeteritus, -a, -um: past, prior

praetextātus, -a, -um: wearing the toga praetexta, i.e., young

praetor, praetōris m.: a Roman elected official; judge

prīmus, prīma, prīmum: first

prīnceps, prīncipis: foremost, leading; (as substantive) chief

prō (prep. + abl): on behalf of, instead of, in accordance with, in proportion to

proavus, −ī m.: ancestor

probō (1): approve, commend

prōconsul, −is m.: proconsul; governor

prōdō, −ere −didī, −ditus: bring forth, publish

profectō (adv.): surely, certainly

prōferō, -ferre, -tulī, -lātus: bring forward

professiō, -ōnis f.: declaration, expression

proficīscor, proficīscī, profectus: set out, originate

profiteor, profitērī, professus: declare publicly; promise; register, enroll as citizen

prōflīgātus, −a, −um: corrupt, dissolute

prope: nearly, almost, about (adv.); near to, next to (prep. + acc)

prōpōnō, −ere, −posuī, −positus: announce, display; propose

propter (prep. + acc): because of

proptereā quod: especially since

prōvincia, −ae f.: province

proximus, −a, −um: most recent, closest

pūblicus, −a, −um: public

pudeō, –ēre, puduī, puditus: shame

pudor, pudōris m.: decency, honor

puerī, -ōrum m.: (here) boyhood

puerīlis, –e: boyish

pueritia, -ae f.: boyhood, childhood

pugna, -ae f.: battle

pugnō (1): fight

putō (1): think, suppose

quaerō, quaerere, quaesīvī, quaesītus: seek, require

quaesō quaesere: beg, ask; "please" (idiom)

quaestiō, -ōnis f.: inquiry, trial

quaestor, quaestōris m.: elected Roman clerical official

quam: how?; (after comparative) that; as

quam diū: as long as

quantus, quanta, quantum: how much, how great

quantuscumque, -acumque, -umcumque: of whatever size

quārē: therefore, on which account

quasi (adv.): as if

quemadmodum: to the extent that

quī, quae, quod: who, which, what

quia: because

quīdam, quaedam, quoddam: a certain, a particular, someone

quidem (adv.): indeed, certainly, at least

quis, quid: who? what? which?

quis, quid (after *sī nisī num nē*): anyone/thing, someone/thing

quispiam, quaepiam, quidpiam: anyone/thing

quisquam, quicquam: someone, anyone, each one, everyone

quisque, quidque: each, every

quō: (here) to where

quoad: as long as

quod: because

quondam (adv.): formerly, once

quoniam: since, because

quoque: also, too

quotiēns (adv.): how often!

ratiō, -ōnis f.: method, system

recēns, -ntis: recent

recipiō, -ere, -cēpī, -ceptus: take back, recover; retreat

recolō, -ere, -coluī, -cultus: cultivate

recordor (1): remember

reficiō, -ere, refēcī, refectus: restore

regiō, regiōnis f.: region; line; direction

rēgius, -a, -um: royal

reiciō, -ere, reiēcī, reiectus: throw back, repel; reject

relaxō (1): relax

religiō, -ōnis f.: scrupulousness

relinquō, -ere, relīquī, relictus: leave, leave behind, abandon

remissiō, -ōnis f.: relaxation

repetō, -ere, repetīvī, repetītus: demand, claim, get back

reprehendō, -ere, reprehendī, reprehēnsus: blame

repudiō (1): refuse, reject

requiēs, -ētis/-eī f.: rest, repose, comfort

requīrō, -ere, -quīsīvī, -quīsītus: seek out, inquire; need, lack; miss

rēs gestae, rērum gestārum f.: accomplishments

rēs publica, reī publicae f.: the Republic

rēs, reī f.: matter; (in legal context) case

resignō (1) + fidem: break confidence

respiciō, -ere, -spexī, -spectus: look back, regard, pay attention to

respondeō, respondēre, respondī, respōnsus: respond, answer

retardō (1): hinder

reus, reī m.: defendant

revincō, -vincere, -vīcī, -victus: convict, disprove

revocō (1): call back

rīdiculus, -a, -um: absurd, ridiculous

rūsticor (1): be in the countryside

rūsticus, −a, −um: rural, simple

saepe (adv.): often

salūs, salūtis f.: safety

sānctus, −a, −um: sacred, holy; pious, just

sānē (adv.): truly, certainly

sapiēns −ntis: wise, knowledgeable

sapientissimus, −a, −um: wisest

satis: enough, sufficient

saxum, −ī n.: rock

scaenicus artifex, scaenicī artificis m.: actor

scīlicet (adv.): clearly

sciō, scīre, scīvī, scītus: know

scrībō, scrībere, scrīpsī, scrīptus: write

scrīptor, −ōris m.: writer

secundus, −a, −um: favorable

sed: but

sēdēs, sēdis f.: seat, home, residence

sēdulitas, −tātis f.: diligence, earnestness

sēgregō (1): exclude

semper (adv.): always

sempiternus, –a, –um: eternal

senectūs, –tūtis f.: old age

senex, senis m.: old man

sēnsus, –ūs m.: perception, sense

sententia, –ae f.: thought, feeling, opinion, verdict

sentiō, sentīre, sēnsī, sēnsus: feel, perceive

sepulcrum, –ī n.: tomb

sermō, sermōnis m.: speech, talk; conversation; rumor

servō (1): save, preserve

sevērus, –a, –um: stern, strict, plain

sexāgintā: 60

sī: if

sīc: so, in this way, in this manner, thus

simplex, simplicis: artless, simple, naive

simul: at the same time

simulācrum, –ī n.: likeness

simulō (1): imitate, copy

sine (prep. + abl): without

singulāris, singulāre: alone, solitary; unique, extraordinary

situs, –a, –um: situated, located

sīve…sīve: either…or

sōlācium, –ī n.: comfort

soleō, solēre, solitus: be accustomed; tend to

sōlitūdō, –inis f.: desert, wasteland

sōlum (adv.): only

sōlus, sōla, sōlum: only, alone

somnus, somnī m.: sleep

sonō, sonāre, sonuī, sonitus: make a sound

spargō, -ere, sparsī, sparsus: scatter

spatium, -ī n.: length; length of life

spērō (1): hope

spēs, speī f.: hope

spīritus, -ūs m.: spirit, inspiration

statim (adv.): immediately

statua, –ae f.: statue

stimulus, –ī m.: spur, incentive

strepitus, –ūs m.: noise, uproar

studeō, studēre, studuī: be eager for, strive, busy oneself with

studia humanitātis: liberal arts, humanities studies

studiōsē (adv.): zealously

studium, -ī n.: study, instruction; enthusiasm, zeal

suādeō, -ēre, suāsī, suāsus: persuade (+ dat)

subiciō, -ere, subiēcī, subiectus: hand to, submit

sum, esse, fuī, futūrus: be, exist

sūmō, -ere, sūmpsī, sūmptus: undertake

suō iūre (idiom): by his own account; by his own right

superior, -ōris: higher; prior; stronger, greater

superō (1): overcome, surpass, conquer

superus, supera, superum: above, situated above, upper

suppeditō (1): provide

suppetō, -ere, -īvī, -ītus: be available

suscēnseō, -ēre, suscēnsuī: be angry

suscipiō, -ere, suscēpī, susceptus: take up, undertake

suus, sua, suum: his own, her own, its own

tabula, -ae f.: (pl.) records

tabulārium, -ī n.: public registry

taceō, tacēre, tacuī, tacitus: be silent, leave unmentioned

tam: so, so much

tamen: nevertheless, however, still

tandem (adv.): finally, at last

tantopere (adv.): so much

tantum (adv.): only

tantum modo: but only

tantus, tanta, tantum: so great, so much

tēlum, -ī n.: weapon

tempestīvus, –a, –um: timely, suitable, (of an extended banquet)

templum, –ī n.: temple

tempus, temporis n.: time

tenebrae, –ārum f.: shadows, gloom

teneō, tenēre, tenuī, tentus: hold, keep

terminō (1): limit, bound

terra, terrae f.: land

testāmentum, –ī n.: will

testimōnium, –ī n.: evidence, testimony

togātus, –a, –um: wearing the toga; of the toga

tollō, tollere, sustulī, sublātus: lift up

tot: so many

totiēns: so often, so many times

tōtus, tōta, tōtum: whole, entire

tractō (1): handle, discuss, treat

trahō, –ere, trāxī, tractus: draw, drag

tranquillitās, –tātis f.: peace, stillness

tranquillus, –a, –um: calm

tribuō, –ere, tribuī, tribūtus: allot, grant, bestow

triumphus, –ī m.: triumph

tropaeum, –ī n.: trophy

tum (adv.): then, at that time

tunc (adv.): then, at that time

tumulus, -ī m.: burial mound

tuus, –a, –um: your, yours

ubi: where, when

ultimus, –a, –um: farthest; extreme, highest

umquam (adv.): ever

ūniversus, –a, –um: entire, all

ūnus, –a, –um: one

urbs, urbis f.: city

ūsque eō: to such an extent

ūsque (adv.): continuously

ut or **utī**: as (+ indic.); so that, with the result that (+ subj.)

ut prīmum: as soon as

ūtor, ūtī, ūsus: use (+ abl)

valeō, -ēre, valuī: be worthy, strong

vāllō (1): surround

varietās, -tātis f.: variety

vehementer (adv.): vehemently

vehementius (comp. adv.): rather vigorously

vel: or else, or; even

vendō, -ere, vendidī, venditus: sell

venia, -ae f.: favor

veniō, venīre, vēnī, ventus: come, arrive

venustās, -tātis f.: charm, grace

verbum, -ī n.: word

vērē (adv.): truly

vērō (adv.): in truth

versor (1): be involved in; be waged

versus, -ūs m.: verse, line of poetry

vērum: but indeed, but yet

vester, vestra, vestrum: your (pl.)

vetus, veteris: old

vetustās, -tātis f.: age, length

videō, vidēre, vīdī, vīsus: see

vigilia, -ae f.: sleepless night

vinculum, -ī n.: bond, fetter

vindicō (1): claim

violō (1): dishonor, outrage

vir, virī m.: man

virtūs, -tūtis f.: virtue, courage, valor

vīs, vīs f.: force, violence; (in pl.) physical strength

vīta, -ae f.: life

vīvō, vīvere, vīxī, vīctus: live

vīvus, -a, -um: living, alive

volō, velle, voluī: wish, want, be willing

voluntās, -tātis f.: will, desire

voluptās, -tātis f.: pleasure

vōx, vōcis f.: voice

www.ingramcontent.com/pod-product-compliance
Lightning Source LLC
Chambersburg PA
CBHW071528040426
42452CB00008B/934